经济法理论与经济管理实践研究

邓擎刚 余娇娇 刘 锦◎著

中国出版集团 现代出版社

图书在版编目（CIP）数据

经济法理论与经济管理实践研究 / 邓擎刚，余娇娇，刘锦著. -- 北京 : 现代出版社，2023.9
ISBN 978-7-5231-0489-7

Ⅰ．①经… Ⅱ．①邓… ②余… ③刘… Ⅲ．①经济法－研究－中国 Ⅳ．①D922.290.4

中国国家版本馆CIP数据核字(2023)第150252号

经济法理论与经济管理实践研究

作　　者	邓擎刚　余娇娇　刘　锦	
责任编辑	姜　军	
出版发行	现代出版社	
地　　址	北京市朝阳区安外安华里504号	
邮　　编	100011	
电　　话	010-64267325　64245264(传真)	
网　　址	www.1980xd.com	
电子邮箱	xiandai@cnpitc.com.cn	
印　　刷	北京四海锦诚印刷技术有限公司	
版　　次	2023年9月第1版　2023年9月第1次印刷	
开　　本	185 mm×260 mm　1/16	
印　　张	11.5	
字　　数	272千字	
书　　号	ISBN 978-7-5231-0489-7	
定　　价	58.00元	

前　言

　　经济法理论和经济管理实践是现代经济发展中不可或缺的两个方面。经济法理论是指研究经济活动中所涉及的法律规范、制度和原则的学科，其研究对象是经济活动本身。经济管理实践则是指运用经济学理论和技术，对企业的经营管理进行科学的计划、组织、指挥、协调、控制等活动。经济法理论和经济管理实践的相互贯通，可以推动经济的健康发展。在市场经济的发展中，经济法律制度的建立、完善和执行，在维护市场秩序、促进诚信经营、保护消费者权益等方面都具有重要作用。经济管理实践则能使企业更好地适应市场需求，提高自身核心竞争力，进而推动整体经济的发展。

　　基于此，本书以《经济法理论与经济管理实践研究》为题，首先，阐述法律基础与法律责任、经济法及其调整对象、经济管理的相关内涵、基于经济法的经济管理现代化趋势；其次，分析市场准入制度及其内容、公司法及其治理结构、个人独资企业法及事务管理、合伙企业法及其清算；再次，讨论劳动法与劳动争议处理、劳动合同法及其制度创新、商标法与专用权的保护、专利法与专利权的保护；再其次，对反垄断法与反不正当竞争法、诉讼法及其内容与程序、仲裁法与仲裁组织构成、消费者权益保护法与侵权责任进行论述；最后，从城市经济、农业经济、企业经济三个方面探讨经济管理实践。

　　本书采用通俗易懂的语言，注重表达方式和文字组织，让读者轻松理解经济法理论和经济管理实践之间的关系，轻松掌握相关知识和技能。从经济法理论和经济管理实践两个角度出发，对其相互关系进行全面深入的剖析，构建完整的理论体系，系统性很强。

　　笔者在本书的写作过程中，得到了许多专家学者的帮助和指导，在此表示诚挚的谢意。由于笔者水平有限，加之时间仓促，书中所涉及的内容难免有疏漏之处，希望各位读者多提宝贵意见，以便笔者进一步修改，使之更加完善。

目　录

第一章 经济法与经济管理基础

第一节　法律基础与法律责任

一、法律基础

（一）法的解读

"法是由国家制定或认可，体现统治阶级意志，以权利义务为内容，由国家强制力保证实施的行为规范体系。"[①] 法有广义和狭义之分：广义的法是指由国家制定或认可的，并由国家强制力保证实施的全部规范性法律文件，如宪法、法律、行政法规、地方性法规等；狭义的法是指拥有立法权的国家机关依照立法程序制定和颁布的规范性文件，在我国，狭义的法仅指全国人民代表大会及全国人民代表大会常务委员会制定的规范性法律文件。

1. 法的本质

法的本质是阶级性与物质制约性之间的对立统一。其一，法具有阶级性。法的阶级性是指法是国家意志的体现。法属于社会结构中的上层建筑，反映阶级对立时期的阶级关系。法所体现的国家意志是统治阶级的意志，代表统治阶级的整体意志和根本利益。其二，法具有物质制约性。法的物质制约性是指法由一定物质生活条件决定，这是法的本质的最终体现。

2. 法的特征

（1）法具有规范性。所谓规范，是指人们行为的标准或规则。但法不是一般的规范，而是一种特殊的社会规范，其特点在于它所调整的是人们之间的相互关系（社会关系）或

---

①潘慧明. 经济法［M］. 杭州：浙江大学出版社，2019.

人的交往行为。在这一点上，法这种规范不同于思维规范、语言规范，也不同于技术规范。相对于习惯、道德等其他社会规范而言，法只约束人们的行为，不约束观念或思想；法只调整人与人之间的关系行为，不调整纯粹的个体行动。

（2）法是以权利和义务为内容的社会规范。法通过规定特定社会关系参加者的权利和义务，告诉人们可以和不可以做什么，以及应该和不应该做什么，以此将人们的行为纳入秩序之中，实现调整社会关系的目的。法强调权利与义务的平衡，而其他社会规范，如道德、宗教等，通常只强调义务。

（3）法具有国家意志性。法是由国家制定或认可的具有特定形式的社会规范，这是法的最主要特征，也是法区别于其他社会规范的主要特点。国家创制法律有两种方式：制定和认可。制定是国家的立法机关按照立法权限和立法程序，创制规范性法律文件的活动。认可是国家通过一定方式承认习惯、道德等其他社会规范具有法律约束力的活动。无论是通过制定还是认可创制法律，都体现了国家意志性，任何人都应当服从，依法行使法律权利、履行法律义务。

（4）法具有普遍性。在国家权力所及的范围内，法具有普遍约束力。①法适用于不特定的人或事，而不是针对特殊人创制的；②法对处于相同情况下的人给予相同的对待并产生相同的法律效果；③法律规范一旦发生效力，对其效力范围内的人或事就产生约束力，在其生效期间可以反复适用。

（5）法具有国家强制性。"法是以国家强制力保障实施的社会规范，法的实现要以一定的国家权力为后盾，是国家通过特定机关（军队、警察、法庭、监狱等）来实施的，由国家有关机关对违法行为予以制裁。"① 国家强制力必须合法行使，既要符合实体法要求，又要遵守法律程序。

3. 法的分类

法的分类有助于确定不同种类法的性质与功能。依据不同标准法可作以下分类。

（1）国际法和国内法。根据制定和实施法的主体不同，可以把法划分为国际法和国内法。国际法是指在国际交往中形成的，由若干国家参与制定或者国际公认的法律规则，主要调整国家与国家之间的关系。国内法是指由一个主权国家制定的并在本国实施的法律，调整一国内部的自然人、法人、其他组织以及政府之间的关系。

（2）成文法和不成文法。根据法的创制方式和表现形式不同，可以把法划分为成文法和不成文法。成文法又称制定法，是指由国家立法机关制定或认可的，以规范化的成文形

---

①郭靖超. 法律基础 [M]. 哈尔滨：哈尔滨工程大学出版社，2015.

式出现的规范性法律文件。我国是成文法国家。不成文法是指由国家机关认可的不具有规范化成文形式的习惯和判例等。不成文法以英国和美国为代表。成文法和不成文法相互交融已成为当今世界各国法律发展的趋势。

（3）根本法和普通法。根据法的内容效力和制定程序不同，可以把法划分为根本法和普通法。在采用成文宪法的国家，根本法就是宪法，它具有最高的法律效力，制定和修改程序极其严格。普通法是指宪法以外的其他法，一般只调整社会关系某一个领域的问题，其法律效力低于宪法，内容不得与宪法相抵触。

（4）实体法和程序法。根据法规定的内容和实施方式不同，可以把法划分为实体法与程序法。实体法是规定了权利和义务或者职权和责任的法律，如宪法、民法、刑法、行政法等。程序法是规定了保障权利和义务或者职权和责任的实施程序的法律，如《民事诉讼法》《行政诉讼法》《刑事诉讼法》等。实体法规定的权利和义务或者职权和责任只有通过程序法的保障才能实现。

（5）一般法和特别法。根据法的效力范围（法的空间效力、时间效力和对人的效力）不同，可以把法划分为一般法和特别法。一般法适用于一般的法律关系主体和事项，或者适用于不特定的地区和时间。特别法适用于特定的主体和事项，或者适用于特定的地区和时间。例如相对于《中华人民共和国民法典》（以下简称《民法典》）而言，《中华人民共和国高等教育法》是特别法。从法律的适用角度，特别法优于一般法。

（6）上位法和下位法。根据法律效力高低不同，可以把法划分为上位法和下位法。例如相对于《中华人民共和国宪法》（以下简称《宪法》）而言，《民法典》是下位法。从法律的适用角度，下位法不能与上位法相抵触。

（7）公法和私法。公法和私法最早是由古罗马法学家乌尔比安提出的。一般认为，公法是调整国家与公民、政府与社会之间的关系的法律，以维护国家利益为主要目的。例如宪法、诉讼法、刑法等。私法是调整公民、法人、其他组织之间关系的法律，以保护私人利益为主要目的，如民法、公司法等。

（二）法的渊源

法的渊源是指法的效力来源，法的创制方式和法律规范的外在表现形式，即哪些国家机关可以在什么权限内以何种方式创制法律规范，法律规范表现为何种形式，不同形式的规范之间的效力关系如何。

1. 法的渊源的类型

在不同的历史时期和不同的国家，法的渊源往往不尽相同，可以概括为以下类型。

（1）制定法。制定法又称成文法，是由国家机关依照一定程序制定和颁布的，通常以条文形式表现的规范性法律文件。

（2）判例法。判例法是基于法院对诉讼案件所作判决而形成的具有法律效力的判定，这种判定对法院以后审理类似案件具有法律规范效力，能成为法院审判的法律依据。判例法是英美法系国家的一种重要的法的渊源。在我国，虽然判例法不是法的渊源，但在司法和执法中有重要的参考作用。

（3）习惯法。习惯法是指经有权的国家机关以一定方式认可，具有法律规范效力的习惯和惯例。在当代，尽管习惯法已经不是主要渊源，但仍是一国法律体系中不可或缺的部分。

（4）学说和法理。学说是法学家对法律问题的见解或观点，法理通常指法的一般原理或法的精神。

2. 中国法的正式渊源

（1）宪法，是我国社会主义法的基本渊源。我国宪法规定了当代中国根本的社会、经济和政治制度，各种基本原则、方针、政策，公民的基本权利和义务，各主要国家机关的组成和职权、职责等，涉及社会生活各个领域的最根本、最重要的方面。宪法在我国法律体系中具有最高的法的效力，一切法律、行政法规和地方性法规都不得同宪法相抵触。宪法的制定和修改的程序极其严格，宪法由我国最高权力机关——全国人民代表大会制定和修改；宪法的修改，由全国人大常委会或者五分之一以上的全国人大代表提议，并由全国人大以全体代表的三分之二以上多数通过。

（2）法律。法律有广义和狭义的理解：广义的法律泛指一切有权创制法律规范的国家机关制定和认可的法律规范的总称；狭义的法律仅指全国人大及其常委会制定的规范性文件。在我国，法律作为法的渊源之一是在狭义上使用的。法律的地位和效力仅次于《宪法》。

根据制定机关不同，法律可分为基本法律和基本法律以外的其他法律。基本法律由全国人大制定和修改，如《中华人民共和国刑法》、《中华人民共和国民事诉讼法》（以下简称《民事诉讼法》）等涉及国家及社会生活某一方面的基本社会关系。在全国人大闭会期间，全国人大常委会有权对基本法律进行部分修改，但不能同该法律的基本原则相抵触。

基本法律以外的法律由全国人大常委会制定和修改，如《中华人民共和国会计法》（以下简称《会计法》）、《中华人民共和国著作权法》等基本法律调整的问题以外的比较具体的社会关系。《中华人民共和国立法法》（以下简称《立法法》）规定，下列事项只能制定法律：国家主权的事项；各级人民代表大会、人民政府、人民法院和人民检察院的产生、组织和职权；民族区域自治制度、特别行政区制度、基层群众自治制度；犯罪和刑罚；对公民政治权利的剥夺、限制人身自由的强制措施和处罚；税种的设立、税率的确定和税收征收管理等税收基本制度；对非国有财产的征收、征用；民事基本制度；基本经济制度以及财政、海关、金融和外贸的基本制度；诉讼和仲裁基本制度；必须由全国人民代表大会及其常务委员会制定法律的其他事项。

（3）行政法规。行政法规是由国家最高行政机关——国务院在法定职权范围内制定的有关国家行政管理的规范性文件。行政法规效力仅次于宪法和法律，不得与宪法和法律相抵触。我国行政法规的名称为"条例""规定""办法"。

（4）地方性法规、自治条例和单行条例。地方性法规是我国地方国家权力机关及其常设机关在宪法和法律规定的立法权限内，根据本行政区域的具体情况和实际需要，依法制定的适用于本行政区域的具有法的效力的规范性文件。省、自治区、直辖市的人民代表大会及其常务委员会根据本行政区域的具体情况和实际需要，在不同宪法、法律、行政法规相抵触的前提下，可以制定地方性法规。设区的市的人民代表大会及其常务委员会根据本市的具体情况和实际需要，在不同宪法、法律、行政法规和本省（自治区）的地方性法规相抵触的前提下，可以对城乡建设与管理环境保护、历史文化保护等方面的事项制定地方性法规，法律对设区的市制定地方性法规的事项另有规定的，从其规定。设区的市的地方性法规须报省、自治区的人民代表大会常务委员会批准后施行。

民族区域自治是我国的一项基本政治制度。民族自治地方的人民代表大会有权依照当地民族的政治、经济和文化的特点，制定自治条例和单行条例。自治区的自治条例和单行条例，报全国人民代表大会常务委员会批准后生效。自治州、自治县的自治条例和单行条例，报省、自治区、直辖市的人民代表大会常务委员会批准后生效。自治条例和单行条例可以依照当地民族的特点，对法律和行政法规的规定作出变通规定，但不得违背法律或者行政法规的基本原则，不得对宪法和民族区域自治法的规定以及其他有关法律、行政法规专门就民族自治地方所作的规定作出变通规定。自治条例是综合性法规，单行条例是有关某一方面事务的规范性文件。民族自治法规只在本自治区域内有效。

经济特区是我国在改革开放中为发展对外经济贸易，特别是利用外资、引进先进技术而实行某些特殊政策的地区。经济特区所在地的省、市的人民代表大会及其常务委员会根据全国人民代表大会的授权决定，制定法规，在经济特区范围内施行。

（5）特别行政区法。特别行政区法是特别行政区的国家机关在宪法和法律赋予的权限内制定或认可的，在该特别行政区域内具有普遍约束的行为规范的总和。《宪法》规定，国家在必要时得设立特别行政区。在特别行政区内实行的制度按照具体情况由全国人民代表大会以法律规定。这是"一国两制"的原则构想在我国宪法上的体现。

（6）规章。规章是为了执行法律、法规，国务院所属部门及直属机构，省、自治区、直辖市和设区的市、自治州的人民政府，在它们的职权范围内，制定实施有关本部门行政管理活动的规范性文件。规章可以分为行政规章和地方政府规章。

国务院各部、委员会、中国人民银行、审计署和具有行政管理职能的直属机构，可以根据法律和国务院的行政法规决定、命令，在本部门的权限范围内，制定规章。部门规章规定的事项应当属于执行法律或者国务院的行政法规、决定命令的事项。没有法律或者国务院的行政法规、决定、命令的依据，部门规章不得设定减损公民、法人和其他组织权利或者增加其义务的规范，不得增加本部门的权力或者减少本部门的法定职责。

省、自治区、直辖市，和设区的市、自治州的人民政府，可以根据法律、行政法规和本省、自治区、直辖市的地方性法规制定规章。没有法律、行政法规、地方性法规的依据，地方政府规章不得设定减损公民、法人和其他组织权利或者增加其义务的规范。

（7）国际条约。国际条约是我国作为国际法主体同外国缔结的双边、多边协议和其他具有条约、协定性质的文件。国际条约生效后，对我国的国家机关、团体和公民具有法律上的约束力，因此国际条约也是我国法的渊源之一。

（三）**法的效力**

法的效力也称法的约束力，是指法律规范对主体行为的普遍的约束力。这种约束力不以主体自身的意志为转移，行为主体不得违反，必须遵守、执行和适用法律。法的效力包括法的效力范围和法的效力位阶。

1. 法的效力范围

法的效力范围指法律规范的约束力的范围，包括法对人的效力、法的空间效力和法的时间效力。法对人的效力，即法适用于哪些人。法的空间效力，即法具有效力的地域范围。法的时间效力，即法何时生效、何时终止效力和法的溯及力。

2. 法的效力位阶

法的效力位阶也称法的效力等级，是指在一国的法律体系中不同渊源形式的法律规范在效力上的等级差别。确定法的效力等级一般遵循以下原则。

（1）上位法优于下位法。宪法具有最高的法律效力，一切法律、行政法规、地方性法规、自治条例，和单行条例、规章都不得同宪法相抵触。法律的效力高于行政法规、地方性法规、规章。行政法规的效力高于地方性法规、规章。地方性法规的效力高于本级和下级地方政府规章。省、自治区的人民政府制定的规章的效力高于本行政区域内的设区的市、自治州的人民政府制定的规章。自治条例和单行条例依法对法律行政法规、地方性法规作变通规定的，在本自治地方适用自治条例和单行条例的规定。经济特区法规根据授权对法律、行政法规、地方性法规作变通规定的，在本经济特区适用经济特区法规的规定。部门规章之间、部门规章与地方政府规章之间具有同等效力，在各自的权限范围内施行。

（2）特别法优于一般法。当同一机关在某一领域既有一般性立法，又有特殊立法时，特殊立法的效力优于一般性立法。

（3）新法优于旧法。当同一机关先后就同一领域问题制定两个以上的法律规范时，后制定的法律规范的效力位阶高于先制定的法律规范。

在上述原则基础上，解决法律效力冲突的具体规则为：同一机关制定的法律、行政法规、地方性法规、自治条例和单行条例、规章，特别规定与一般规定不一致的，适用特别规定；新的规定与旧的规定不一致的，适用新的规定。法律之间对同一事项的新的一般规定与旧的特别规定不一致，不能确定如何适用时，由全国人民代表大会常务委员会裁决。

行政法规之间对同一事项的新的一般规定与旧的特别规定不一致，不能确定如何适用时，由国务院裁决。地方性法规、规章之间不一致时，由有关机关依照下列规定的权限作出裁决：同一机关制定的新的一般规定与旧的特别规定不一致时，由制定机关裁决；地方性法规与部门规章之间对同一事项的规定不一致，不能确定如何适用时，由国务院提出意见，国务院认为应当适用地方性法规的，应当决定在该地方适用地方性法规的规定；认为应当适用部门规章的，应当提请全国人民代表大会常务委员会裁决；部门规章之间、部门规章与地方政府规章之间对同一事项的规定不一致时，由国务院裁决。根据授权制定的法规与法律规定不一致，不能确定如何适用时，由全国人民代表大会常务委员会裁决。

二、法律责任

根据引起法律责任产生的法律部门的性质以及引起法律责任行为的违法性质和危害程度，法律责任可以分为以下类型。

（一）民事责任

民事责任又称民事法律责任，是指法律主体因违反民商法律规定、违约或者因法律规定的其他事由而应承担的不利法律后果。民事责任以财产责任为主，其目的是赔偿或补偿损失。《民法典》规定承担民事责任的方式主要有以下十一种，人民法院既可以单独适用，也可以合并适用。

第一，停止侵害。停止侵害是指侵害人终止正在进行的损害他人合法权益的违法行为。其功能在于及时制止不法侵害行为，防止损害扩大。

第二，排除妨碍。排除妨碍是指侵害人排除对权利人行使权利或实现正当利益的非法阻碍。排除妨碍针对的是实际存在或将来必然出现的妨碍。

第三，消除危险。消除危险是指侵害人消除其行为或物件可能对他人的合法权益造成损害的危险。其功能在于防止损害的发生。

第四，返还财产。返还财产是指侵害人将非法占有他人的合法财产原物返还权利人。

第五，恢复原状。恢复原状是指侵害人非法破坏他人的合法财产后，将被破坏的财产恢复到受侵害之前的状态。只有当受损害的财产客观上具有恢复的可能性和必要性时才适用此种责任形式。

第六，修理、重作、更换。修理是指使不符合质量标准的标的物具有应当具备的功能；重作是指对标的物进行重新加工、制作；更换是指用符合质量标准的标的物替换已交付的不符合质量标准的标的物。此种责任形式主要适用于违反合同质量条款的情形。

第七，继续履行。继续履行又称强制履行，是指合同当事人一方不履行合同义务或履行合同义务不符合约定时，违约方应当承担按照合同约定继续履行合同的责任。此种责任形式适用于继续履行在事实上可能和在经济上合理的情形。

第八，赔偿损失。赔偿损失是指侵害人的违法行为致使权利人的合法权益受到损害时，应以其财产赔偿权利人所遭受的损失。这是适用范围最广的一种责任形式。

第九，支付违约金。支付违约金是指合同当事人一方违约时依据法律规定或合同约定，向对方支付的一定数额的金钱。

第十，消除影响、恢复名誉。消除影响、恢复名誉是指加害人在一定范围内采取措施消除对受害人的不利后果，以使受害人的名誉恢复到未曾受损的状态。此种责任形式不具有财产内容，主要适用于侵犯名誉权、肖像权等情形。

第十一，赔礼道歉。赔礼道歉是指加害人以口头或书面的方式向受害人认错、表示歉意。此种责任形式不具有财产内容，主要适用于侵害人格权等情形。

（二）行政责任

行政责任又称行政法律责任，是因违反行政法律规范而应承担的不利法律后果。既包括行政主体因行政违法或者行政不当产生的法律责任，也包括行政相对人违反行政法律规范产生的行政责任。行政责任的承担方式主要包括行政处分和行政处罚。

1. 行政处分

行政处分是国家公务员因违法、违纪行为而依法应承担的法律责任。根据《中华人民共和国公务员法》（以下简称《公务员法》）规定，行政处分分为警告、记过、记大过、降级、撤职、开除。公务员实施了下列行为之一的，可能给予行政处分。

（1）散布有损国家声誉的言论，组织或者参加旨在反对国家的集会、游行、示威等活动。

（2）组织或者参加非法组织，组织或者参加罢工。

（3）玩忽职守，贻误工作。

（4）拒绝执行上级依法作出的决定和命令。

（5）压制批评，打击报复。

（6）弄虚作假，误导、欺骗领导和公众。

（7）贪污、行贿、受贿，利用职务之便为自己或者他人谋取私利。

（8）违反财经纪律，浪费国家资财。

（9）滥用职权，侵害公民、法人或者其他组织的合法权益。

（10）泄露国家秘密或者工作秘密。

（11）在对外交往中损害国家荣誉和利益。

（12）参与或者支持色情、吸毒、赌博、迷信等活动。

（13）违反职业道德、社会公德。

（14）从事或者参与营利性活动，在企业或者其他营利性组织中兼任职务。

（15）旷工或者因公外出、请假期满无正当理由逾期不归。

（16）违反纪律的其他行为。

2. 行政处罚

行政处罚是特定的行政机关依法对违反行政管理秩序行为的行政相对人给予的行政制裁。在学理上，行政处罚可以分为人身罚、行为罚、财产罚和申诫罚四种。《中华人民共和国行政处罚法》（以下简称《行政处罚法》）规定行政处罚有以下七类。

（1）警告，是指行政主体向违法者发出警戒，申明其有违法行为的处罚形式。这是最轻微的行政处罚形式。

（2）罚款，是指行政主体强制违法者交纳一定金钱的处罚形式。这是实践中常用的处罚形式。

（3）没收违法所得、没收非法财物，是指行政主体剥夺违法者的违法所得和非法财物的财产所有权的处罚形式。

（4）责令停产停业，是指行政主体强制违法者在一定期限内停止经营的处罚形式。

（5）暂扣或者吊销许可证、暂扣或者吊销执照，是指行政主体取消或在一定期限内扣留违法者的许可证或执照的处罚形式。

（6）行政拘留，是指行政主体在一定期限内限制违法者人身自由的处罚形式。这是最严厉的行政处罚形式，只能由法律设定。

（7）法律、行政法规规定的其他行政处罚。

（三）刑事责任

刑事责任又称刑事法律责任，是指犯罪人因违反刑事法律而应承担的不利法律后果。行为人的行为只有具备了犯罪的构成要件才承担刑事责任。刑事责任是处罚性质和程度最严厉的法律责任，其方式为刑罚。我国的刑罚体系分为主刑和附加刑。

1. 主刑

主刑是对犯罪分子适用的主要刑罚方法。主刑只能独立适用，不能附加适用。主刑包括以下种类。

（1）管制，是指对犯罪人不予关押，但是在一定期限内限制其一定自由，由社区矫正机构执行和群众监督改造的刑罚方法。管制的期限为三个月以上二年以下。管制是我国独创的一种刑罚方法。

（2）拘役，是指短期剥夺犯罪人自由，就近关押并实行教育劳动改造的刑罚方法。拘役的期限为一个月以上六个月以下。拘役在我国刑法中的适用相当广泛。

（3）有期徒刑，是指剥夺犯罪人一定期限的人身自由，并强制实行劳动和教育改造的刑罚方法。有期徒刑的期限为六个月以上十五年以下。有期徒刑是我国适用最广泛的刑罚方法。

（4）无期徒刑，是指剥夺犯罪人终身自由，并强制实行劳动和教育改造的刑罚方法。无期徒刑没有刑期限制，是自由刑中最严厉的刑罚方法。

（5）死刑，是指剥夺犯罪分子生命的刑罚方法。死刑只适用于罪行极其严重的犯罪分子。对应当判处死刑的犯罪分子，如果不是立即执行的，可以判处死刑同时宣告缓期两年执行。

2. 附加刑

附加刑既可以附加于主刑适用，又可以独立适用。附加刑有四种：罚金、剥夺政治权利、没收财产、驱逐出境。

第二节　经济法及其调整对象

一、经济法的定义

经济法是调整在国家协调的本国经济运行过程中发生的经济关系的法律规范的总称，这个定义有以下三个基本含义。

第一，经济法属于法的范畴。经济法同其他任何法的部门一样，都是由法律规范组成的，都是各有特定调整对象的法律规范的总称。因此，经济法属于法的范畴。

第二，经济法属于国内法体系。经济法调整的经济关系是在本国经济运行而不是国际经济运行过程中发生的。对这种经济运行的协调是一个国家的协调，即国家协调，而不是国际协调，即两个以上国家的共同协调。为了运用法律手段进行这种国家协调，制定或认可经济法律规范的是一个国家，而不是两个以上国家。经济法体现的是一个国家的意志，而不是两个以上国家的协调意志。因此，经济法属于国内法体系，不属于国际法体系，不同于国际经济法。

第三，经济法不同于国内法体系中的其他法的部门。作为经济法调整对象的社会关系是经济关系，而不是政治关系、人身关系等非经济关系。这种经济关系是在本国经济运行过程中发生的；同时，这种本国经济运行过程体现了国家协调。因此，经济法又不同于属于国内法体系的民法、行政法等法的部门。

二、经济法的原则

经济法的基本原则与经济法的调整对象有着密切的联系，根据上述经济法的调整对象，我们可以把经济法的基本原则概括为以下两项。

1. 国家适度干预原则

所谓适度干预是指国家必须在充分尊重经济自主的前提下对社会经济生活所进行的一种正当而又谨慎的干预。市场经济是一种以市场作为资源配置主要手段的经济体制，这种经济体制所强调的是经济主体的自主性。而国家干预作为一种外部的强制力量，是基于市场失灵、社会公平等因素而介入市场的，这种介入有着明显的人为因素和很强的目的性。因此，国家干预要寻求一种适度干预，不可擅自扩大干预的范围而损害市场自身的运行功效。

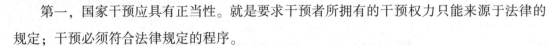

第一，国家干预应具有正当性。就是要求干预者所拥有的干预权力只能来源于法律的规定；干预必须符合法律规定的程序。

第二，国家干预应具有谨慎性。国家干预要尽量符合市场机制自身的运行规律，不能压制市场经济主体的经济自主性和创造性。要掌握适度的干预范围和干预手段，以避免干预的负面影响和随意性。

2. 维护公平竞争原则

经济法一方面从市场规制的角度出发，禁止和限制违约、侵权、不正当竞争等破坏竞争秩序的行为，以维护自由公平的竞争环境，保障市场交易的安全和有序；对作为弱者的市场交易主体一方的消费者给以特殊的保护，以维护交易的公平和社会的稳定。另一方面则从国家宏观经济的角度，通过税收、金融、产业指导等经济手段，引导市场主体作出能促进社会发展的选择，为经济发展创造良好社会环境和法制环境，保证社会分配的合理与公平、公正。

三、经济法律关系

经济法律关系是指在国家协调经济运行过程中形成的，由经济法确认和调整的经济权利和经济义务关系。经济法律关系与经济法的调整对象有密切的联系，经济法律关系就是作为经济法调整对象的特定经济关系在法律上的反映。

（一）经济法律关系的构成要素

经济法律关系的构成要素是指构成经济法律关系不可缺少的必要组成部分，即经济法律关系的主体、经济法律关系、经济法律关系的内容的客体。这三个构成要素必须同时具备，才能形成一套完整的经济法律关系。

1. 经济法律关系的主体

经济法律关系的主体，即经济法主体，是指在国家协调本国经济运行过程中，依法享有权利和承担义务的社会实体。经济法律关系的主体是经济法律关系的直接参与者，它既是经济权利的享有者，又是经济义务的承担者，是经济法律关系中最积极、最活跃的因素。在我国，经济法律关系的主体主要包括以下四类。

（1）国家机关。国家机关是行使国家职能的各种机关的总称，它包括国家权力机关、国家行政机关、国家司法机关等。而作为经济法律关系主体的国家机关主要是指国家行政机关中的经济管理机关，在市场管理和宏观调控中发挥着重要作用。

（2）经济组织和其他社会组织。经济组织是指拥有独立的资产，自主地从事经济活动，一般以营利为目的并实行独立核算与自负盈亏的经济实体。经济组织中最主要的是各种各样的企业，企业是经济法律关系中最主要的参加者，在经济法主体结构中处于基础地位，是经济法的基本主体。其他社会组织主要包括事业单位和社会团体。

（3）经济组织的内部机构和有关人员。经济组织的内部机构和有关人员，根据经济法律、法规的规定，他们在参加经济组织内部的经济管理法律关系时，就具有经济法律关系主体的资格。

（4）农村承包经营户、城乡个体工商户和自然人。当农村承包经营户、城乡个体工商户和自然人在市场运行过程中与其他主体发生经济权利和经济义务关系时，便成为经济法律关系的主体。

2. 经济法律关系的客体

经济法律关系的客体是指经济法律关系的主体享有的经济权利和承担的经济义务所共同指向的对象。客体是确立权利义务关系性质和具体内容的依据，也是确定权利是否行使和义务是否履行的客观标准。经济权利和经济义务只有通过客体才能得到体现和落实。

经济法律关系的客体主要包括以下三类。

（1）物。物是指经济法律关系的主体能控制和支配的，经济法律、法规允许其进入经济法律关系运行过程的，具有一定经济价值并以物质形态表现出来的物品，主要指各种有形资产。

（2）行为。行为是指经济法律关系的主体为实现一定的经济目的所进行的活动，如经济管理行为、订立合同及履行合同的行为、完成一定工作的行为、提供一定劳务的行为等。

（3）智力成果。智力成果是指人们通过脑力劳动创造的能带来经济价值的创造性劳动成果，如作品、发明、实用新型、外观设计、商标、计算机软件等。

3. 经济法律关系的内容

经济法律关系的内容是指经济法律关系的主体所享有的经济权利和承担的经济义务。它是经济法律关系的实质，经济法律关系的主体之间通过经济权利和经济义务联结起来，并确立他们之间的法律责任。

（1）经济权利。经济权利是指经济法律关系的主体在国家协调经济运行过程中，依法具有的为或者不为一定行为和要求他人为或者不为一定行为的资格。其主要内容包括以下四个方面。

第一，经济职权：是指国家机关行使经济管理职能时依法享有的权利。其基本特征是：①经济职权的产生基于国家授权或者法律的直接规定；②经济职权具有命令与服从的性质，即在国家机关依法行使经济职权时，其下属的国家机关、有关的经济组织和个人等经济法主体，都必须服从；③经济职权不可随意转让或放弃，因为对国家机关来说，行使经济职权既是权利也是义务，随意转让或放弃是一种失职和违法行为。经济职权的内容主要包括经济立法权、经济决策权、经济命令权、经济许可权、经济审核权、经济监督权等。

第二，财产所有权：是指企业等财产所有人在法律规定的范围内，对属于自己的财产享有的占有、使用、收益、处分的权利。

第三，经营管理权：是指企业等主体进行生产经营活动时依法享有的权利，其内容主要有经营方式选择权、生产经营决策权、物资采购权、产品销售权、人事劳动管理权、资金支配使用权、物资管理权等。

第四，请求权：是指经济法律关系主体的合法权益受到侵犯时，依法享有要求侵权人停止侵权行为和要求国家机关保护其合法权益的权利，其内容包括要求赔偿权、请求调解权、申请仲裁权、经济诉讼权等。

（2）经济义务。经济义务是指经济法律关系的主体在国家协调经济运行的过程中，为满足特定权利主体的要求，依法必须为或不为一定行为的责任。如贯彻国家的方针和政策，遵守法律和法规，履行经济管理的职责，全面履行经济协议和合同，依法缴纳税金，不得侵犯其他经济法主体的合法权益等。

经济权利和经济义务是构成经济法律关系的两个不可缺少的组成部分，它们是密切联系、相互依存的，一方经济权利的实现依赖于另一方经济义务的履行，一方履行经济义务则是为了满足另一方的经济权利。

（二）经济法律关系的发生、变更和终止

经济法律关系的发生，是指在经济法律关系主体之间形成一定的经济权利和经济义务关系。经济法律关系的变更，是指经济法律关系主体、内容、客体的变化。经济法律关系的终止，是指经济法律关系主体之间的经济权利和经济义务的消灭。

经济法律关系的发生、变更和终止，都必须以一定的法律事实为依据。经济法律事实是指能引起经济法律关系发生、变更和终止的情况。

法律事实可以划分为法律行为和法律事件。法律行为是指能引起经济法律关系发生、变更和终止人们有意识的活动。法律事件是指能引起经济法律关系发生、变更和终止的，

不以人们的意志为转移的客观事实。法律事件有的表现为自然现象，如地震、洪水、台风等；有的表现为社会现象，如罢工、战争等。这两种现象都具有不可抗力的特征。

四、经济法的调整对象

经济法的调整对象是特定的经济关系，即在国家协调本国经济运行过程中发生的经济关系，简称国家经济协调关系。主要包括以下三种经济关系。

（1）企业组织管理关系。企业组织管理关系是在以企业为主体的各类经济组织的设立、变更、终止过程中发生的经济管理关系及其内部管理过程中发生的经济关系。在市场主体体系中，企业是最主要的主体。国家为了协调本国经济运行而对企业进行必要干预，有助于从法律上保证企业成为自主经营、自负盈亏的合格主体，能动地参与市场活动，改善经营管理，提高经济效益。

（2）市场运行管理关系。市场运行管理关系是国家在市场运行管理过程中发生的经济关系。发展市场经济，必须充分发挥竞争机制的作用。市场竞争又会致使市场主体之间不可避免地发生违约、侵权和不正当竞争行为，从而妨碍市场资源配置的优化，约束市场功能的实现。因此，需要国家积极干预，加强市场管理，坚守市场规则，维护正常的市场经济秩序。

（3）宏观监督调控关系。宏观监督调控关系是国家在宏观监督调控过程中发生的经济关系。市场的自发调节有其局限性，需要国家对国民经济进行适度调节和控制，保证经济总体总量的平衡，构建合理的经济结构，促进资源配置优化，从而推动国民经济的健康发展。

第三节 经济管理的相关内涵

一、资源的稀缺性

经济学家把满足人类欲望的物品分为"自由物品"和"经济物品"。前者指人类无须通过努力就能自由取用的物品，如阳光、空气等，其数量是无限的；后者是指人类必须付出代价方可以得到的物品，即必须借助生产资源通过人类加工出来的物品。一方面，"经济物品"在人类社会生活中占据相当重要的地位，但它的数量是有限的；另一方面，人们的消费欲望又是无限的。当前一种欲望满足以后，又会产生后一种欲望或需要，所以说欲望或需要是无穷无尽的。但由于我们的时间、收入或我们必须支付的价格等的限制，每个人最后总有一些欲望得不到满足。我们的欲望不可能全部得到满足，这种现象叫稀缺性。

1. 稀缺的客观性

人类与地球上的资源存在紧密联系，每一个行动都与特定资源直接或间接相关。没有资源，人类将无法维持生存和发展。人类从太阳和地球获得所需的生存能量。然而，人类的欲望具有无限的特征，在面对无限需求时，任何资源都有可能变得稀缺。资源的稀缺性是客观存在的，不可避免的事实。

2. 稀缺的相对性

资源的稀缺性并非指绝对数量的有限，而是相对于人类无限欲望而言的有限性。因此，稀缺性通常指相对稀缺，即相对于当前或潜在需求而言是有限的。从人类的生存角度来看，资源的稀缺性可能不是一个问题，但相对于人们的"过度需求"而言，资源的稀缺性的假设无疑是成立的。

在历史上，许多被认为可以自由获取的资源，如森林、土地、海洋等，逐渐变得稀缺。随着社会进步、科技发展，尤其是人口增加，甚至水资源也将变得越来越稀缺。正是由于资源的稀缺性，经济学才得以产生。

二、经济活动的基本问题

稀缺性是经济学的基础前提，也是所有经济问题的根源。由于资源有限，人们在经济活动中需要作出各种选择，以追求尽可能大的满足。这引发了如何有效利用现有资源来生产经济产品以满足人类欲望的问题。这些选择包括：①如何利用现有经济资源；②如何有效利用有限的时间；③如何选择满足欲望的方式；④必要时如何做出牺牲以满足其他欲望。

因此，我们可以总结出经济学所需解决的问题：①生产哪些物品和劳务以及各生产多少；②如何进行生产；③为谁生产这些物品和服务；④何时进行生产。这四个问题被认为是人类社会共同面临的基本问题。

从经济资源稀缺性的实际情况出发，解决人类经济生活的基本问题可以归纳为两个方面：①各种欲望的轻重缓急程度；②为满足某种欲望所需付出的代价。将这两个方面联系起来考虑，就需要权衡比较既定目标与达成目标所需代价之间的关系，做出选择。这涉及机会成本和生产可能性边界的概念。

上述基本问题都涉及研究如何分配相对稀缺的经济资源（如土地、劳动力、资本等）

的不同用途的问题，实质上是考察资源的合理配置问题。另外，我们还需要研究如何充分利用经济资源，分析导致劳动者失业、生产设备和自然资源闲置的原因，并选择改善这种状况的方法和途径。在经济学体系中，这部分常常被视为宏观经济学的内容。

三、市场经济与计划经济

(一) 市场经济

市场经济是一种体制，在西方随着自然经济的逐渐瓦解而逐步形成。市场经济中，成千上万的消费者根据自己的喜好和需求在市场上购买产品和服务，同时成千上万的生产者生产各种材料、半成品和成品，没有集中的指挥和调度。

用于解释市场经济机制的一个简单模型是：市场活动的主体是大量分散决策的消费者和生产者，同时存在产品市场和要素市场两类市场。在产品市场上，生产者提供产品，而消费者需求产品；在要素市场上，消费者提供要素服务以获取收入，而生产者需求要素和服务以进行生产。每个消费者通过市场交换以获得最大满足，而每个生产者则力求获得最大利润。

市场机制是产生均衡价格（供应与需求相等时的价格）的机制。当供大于求时，价格下跌；当供不应求时，价格上升。这并非人为规定的法则，而是供需双方在市场中的谈判结果。根据各方追求最大利益的准则，价格较低时需求增加或供应减少，或两者同时发生；而价格较高时则相反。当所有市场都形成均衡价格时，市场同时解决了经济中的三个基本问题：产品市场上各种产品的均衡产量（生产什么和生产多少的问题）；生产者为获得最低成本而采用的技术和企业组织方式（如何生产的问题）；要素的价格和数量解决了为谁生产的问题。

市场体制的理论分析是建立在下列假设的基础上的。

1. 理性选择

人是理性的动物，每个人都会在一定的约束条件下争取自身的最大利益。人们在支出自己的收入时，肯定会选择性价比较高的商品，会寻找一个最能使自己满意的方式。人们在求职的时候当然希望得到包括物质和精神在内的最高报酬的工作，没有必要无缘无故地选择最不使自己愉快的工作并且只肯接受一半的工资。

经济学分析在理性人的假设下资源配置的机制及其效率，并非在推崇自私自利的价值观，并不必然否定人的社会性的一面和利他的高尚行为。反过来，社会上合理的利他行为的存在，也不否定经济学在理性假设下得到的资源配置效率的结论——除非有人专门把自己的劳动或资金放在最没有生产率的地方。

2. 自由和自愿的选择

在人们自愿的前提下自由选择，是另一个基本的假定。自愿保证了交易是增进交易双方利益的；而自由则使所有可能的交易都可以进行，从而把社会总体的利益增加到最大限度。这里还有一个隐含的假定，就是选择的交易活动没有溢出交易双方之外的效果。

3. 权利界定清晰

经济学一般假定在市场经济中，每个行为主体选择的权利是明确界定的，你只能用你拥有支配权的东西做交易，而所有经济物品的权利归属是清晰的。任何人不能强迫、不能盗窃、不能抢劫、不能欺诈。当然，难免有权利界定不清的情况存在，这时交易就有困难。显然，对权利的法律界定和保护是市场机制得以顺利运转的基础条件。有了这些基本假定，经济学证明，在满足完全竞争、信息完备、没有外部性等条件时，市场机制可以导致资源在一定意义下的最优配置；"看不见的手"将引导个体的自利行为，增进社会总体的利益。

然而，在现实中，以上条件并不完全具备，垄断、经济活动的外部性、信息的不完备，使市场机制无法实现通过价格来有效配置资源的功能。收入的不平均，甚至部分人连生存的基本需求也得不到保障，市场导致的这种分配是社会所不能接受的。分散的经济决策可能引起总体经济产出和物价的严重波动。这时就需要代表社会公共利益的政府这只"看得见的手"来解决这些问题。

（二）计划经济

市场经济体制是非人为设计、自然形成的资源配置方式，计划经济体制则是人为设计的替代市场体制的另一种资源配置方式。

在纯粹的计划经济体制中，生产资料归国家所有。在了解全国人民当前和今后、私人消费和公共消费的需要的基础上，政府的计划部门集中地解决经济上的生产什么和生产多少、如何生产以及为谁生产的问题。通过指令性计划安排生产要素在各个行业、各种产品之间的分配，安排消费品在全体居民中的分配。事实上，没有一个国家实行过这种纯粹的计划经济方式。

计划经济方式有它的优点，对一些明显的有益于社会公众的事业、基础设施建设、投资巨大且回收期长的项目，通过计划的集中决策方式比从自利出发的分散个体决策方式，效率更高，速度更快。计划方式不用担心由于分散的个体对经济前景乐观或悲观的估计而引起宏观经济波动。计划方式有利于实现比较平均的收入分配。

计划经济体制实践的结果表明，在当代条件下，占国民产出绝大部分的产品，采用计划经济的方式来生产和分配，不如采用市场经济的方式有效。但一些重要的产品和服务是必须由政府集中组织供给的，政府还需要用自己掌握的资源和权力来纠正分散的市场选择可能带来的收入分配的不公平、总体经济波动和对社会总体利益的损害，有效地达成社会公共目的。

第四节　基于经济法的经济管理现代化趋势

目前，经济管理现代化与传统的管理模式有所不同，并且加强经济管理现代化，有助于促进科学民主管理，促进团队的统一性，并且有效地约束企业团队和个人，从而实现可持续发展。所以必须要通过有效结合当前的经济法，促进经济管理现代化和经济管理发展，明确好自己的经济管理目标，加强学习，做好经济法普及，使所有的团队成员都能意识到经济法对经济管理现代化和经济管理发展的重要意义。

一、经济管理现代化的特点

经济管理现代化就是使经济管理活动达到当今世界现代化发展的水平，即在经济管理过程中广泛利用系统论、控制论、信息论等一系列管理科学的现代理论成果，采用先进管理手段和工具，建立符合组织现代社会化大生产的管理体制和管理组织，从而使经济管理获取最佳经济效益。

经济管理现代化具有以下两个特点。

1. 能动性

经济管理现代化具有一定的能动性。所谓能动性指的是相关的人员能通过个人的意志对当前的形势作出积极有选择性的反应或者是回答人的能动性，相对于其他的动物和无机物等来说有着一定的区别，所以我们将其称为主观能动性。

在经济管理现代化中，人的主观能动性对促进经济管理现代化来说有着十分重要的意义，我们可以通过自身的思维以及自己的实际行动，有计划有目的地反作用于外部世界，从而使当前的管理取得一定的效果。

2. 科学化

经济管理现代化具有一定的科学化。经济管理并不是按照个人的意愿可以随意地进行管理，而是要符合一定的理论和科学成果。

我们可以了解到经济管理现代化的含义中也就要求相关的管理人员要充分地利用系统论、控制论、信息论等一系列的现代理论成果，并且使用一定的工具和手段，使当前的相关企业和团队能获得一定的经济效益。在管理的过程中，必须要符合实际的要求以及相关的理论知识，所以在整个经济管理现代化实现过程中，必须要使其逐步向科学化发展，并且通过自身实践，使经济管理现代化所具有的科学化能够真正地作用于人类社会。

二、利用经济法加强经济管理现代化的重要性

1. 有利于科学民主管理，促进经济管理现代化

积极利用经济法有利于促进经济管理现代化和经济管理发展，在经济法的干预下，有利于促进整个团队更加地重视科学民主管理。

实行科学民主管理，我们需要重视两个词语，一个是科学，一个是民主。利用经济法，能实现这两个方面的目标。

经济法对整个企业来说有着十分重要的意义，企业在发展过程中要意识到法律的作用，经济法是对社会主义商品经济关系进行整体、系统、全面综合调整的一个法律部门。在现阶段，它主要调整社会生产和再生产过程中以各类组织为基本主体所参加的经济管理关系和一定范围的经营协调关系。所以经济法对调整内部关系，促进管理来说有着十分重要的意义。

2. 有利于优化管理导向，促进内部团队的统一性

利用经济法加强经济管理现代化的过程中，有利于优化管理的导向，从而能促进团队内部的统一性。利用经济法的干预，能明确整个管理的方向，在管理的过程中按照一定的方向和标准进行操作，能让每一个人都心服口服，从而使所有团队成员都积极配合有关人员的工作，在实现自我价值的同时，促进团队价值和经济效益的实现。

通过经济法，能明确整个企业和团队的发展方向，在实现这些目标的过程中，以法律作为导向，能使所有人团结一心，共同为统一的目标奋斗，使内部团队不断去统一协调，加强整个团队协作的效率。

3. 有利于约束企业和个人，实现可持续性发展

通过经济法促进经济管理现代化和经济管理发展的过程中，我们能对企业以及相关个人进行相应的约束，从而能实现可持续发展。所谓法律，它不仅仅能为我们提供一个导向，同时也会对每一个人起到约束的作用，对企业来说，通过经济法的干预，能明确经济

法的相关事项，并且在不违反法律的基础上实施各个项目。

在完成项目的过程中，要充分地以经济法作为指导，不随意违背法律，不与法律相冲突，对个人来说，通过经济法能意识到自己工作的严重性，所以在工作的过程中，要积极遵守保密协议，并且以不损害集体利益为前提，从而使整个团队在发展过程中有效地约束自身，保障集体的利益。

三、结合经济法促进经济管理现代化的措施

1. 基于经济法树立经济管理目标，加强管理团队建设

在发展过程中，我们应该通过正确的目标来作为自己的管理导向，比如对相关的管理人员来说，可以制定短期目标、长期目标，并且按照相关时间分布好每一个环节的目标，通过明确每一个阶段的经济管理目标，使自己不断朝着这个目标努力，同时在制定好相关目标以后，需要加强团队自身建设，通过在团队的相关微信群或者是工作群等途径发布经济管理目标，让团队所有成员都意识到我们的具体目标，并且围绕这个目标，每一个成员都应该展开自身的探讨，通过撰写小的目标，实现如何有效地提升和突破，使整个团队的建设不断完善。

基于经济法，应该要在确定目标的过程中明确好目标应该要与法律保持一致性，不得与法律背道而驰，通过经济法的支持，使经济管理目标在当代切实可行。

2. 加强经济法学习，优化经济管理质量

对整个企业以及团队相关管理人员来说，应该加强经济法学习，从而优化内部经济管理质量。当前，很多人都没有重视经济法的学习，并且对经济法具体包含什么内容并不了解。经济法目前主要是用来调整现代国家进行宏观调控和市场规制过程中发生的社会关系的法律规范的总称，经济法是国家干预经济的一种法律，并且是社会责任本位法，也是商品经济发达的法，是以经济为目的的法，是综合调整法。通过分析了解经济法的特点，我们可以了解到经济法对当前的经济管理来说有着十分重要的意义。

我们通过了解经济法能使自身了解当前市场的相关规律，明确好整个社会经济环境，从而有效地分配自身的经济资源，实现自身经济的可持续发展。

通过经济法的干预，能使内部相关人员不断地优化经济管理的质量，使自己的管理与经济法相结合，不与经济法相违背，并且基于经济法的指导，使自身的管理质量实现质的飞跃。

3. 做好经济法普及，提高团队风险意识

整个团队上下应该做好经济法普及，从而使所有成员都能意识到当前的风险，对经济

管理现代化和经济管理发展来说，在发展的同时，我们需要对可能会出现的风险进行一定的预估，通过有效分析能使整个企业或者是团队损失较小，甚至有可能避免损失。在学习经济法的过程中，能对整个社会市场经济环境有所了解，并且合理地调整自己的人力物力资源分配，使资源分配合理，从而有效降低自己的生产成本实现最大的经济效益。

通过提高团队上下的风险意识，让所有成员做好应急预备方案，从而使整个团队管理不断朝着现代化发展。因此，加强经济管理现代化和经济管理发展必须要做好经济法普及。

综上所述，加强经济管理现代化和经济管理发展必须要基于经济法实现，并且在发展的过程中，我们要逐步地做好经济法普及，提高团队成员风险意识，要加强经济法学习，不断地优化经济管理质量，基于经济法树立正确的经济管理目标，加强团队自身建设，从而有效落实经济管理现代化和经济管理发展，不断地实现自身的可持续发展。

第二章 经济市场主体法律理论

第一节 市场准入制度及其内容

一、市场准入法律制度概述

"市场准入"一词，一般是指政府（或国家）依据一定的规则，允许市场主体及交易对象进入某个市场领域的直接控制或干预。自然人的民事权利能力和行为能力，法律给以普遍的、一般的确认；然而自然人、法人和其他组织从事经济活动的权利能力和行为能力，需由法律特别确认，必须通过一定的程序获得，如登记、许可。所谓市场准入制度，指的是国家对市场主体资格的确立、审核和确认的法律制度的总称，包括市场主体资格的实体条件和取得主体资格的程序条件。

在经济法领域，市场准入制度是市场主体规制法律制度的一部分，它是国家对市场基本的、初始的干预，是政府管理市场、干预经济的制度安排，是国家意志干预市场的表现，是国家管理经济职能的组成部分。

（一）市场准入制度的基本原则

1. 市场优先原则

所谓市场优先原则，即对市场机制能自发调节的经济事项，政府可以不实行准入管制，又称"自律优先""事后机制优先"的原则，也即凡是通过市场机制能解决的，应当由市场机制去解决；通过市场机制难以解决，但通过公正、规范的中介组织、行业自律能解决的，应当通过中介组织和行业自律去解决；通过事中事后监督能更好地解决问题的，不采取市场准入的方式规制；对既有的不符合上述要求的有关市场准入的规定，应当取消。

"经济法上的市场优先原则，是在国家政府与经济市场的关系重整基础上，通过谦抑

— 23 —

干预理念来适应当前经济的发展趋势，并将其应用到实际经济发展中。"① 设定市场准入制度要符合经济规律，符合社会主义市场经济发展的要求，监管者要加强研究论证，避免任意性，注重事中监管，尽量发挥市场机制本身的作用，充分利用市场主体、民间机构的自律和辅助监管作用。

2. 准入法定原则

所谓准入法定原则，即市场准入的条件、程序应当制度化、规范化，使准入有法可依。市场准入制度的立法和执法应当遵循我国的立法体制和依法行政的要求，符合法定权限和法定程序。法律、行政法规可以设定市场准入制度，地方性法规可以在不与上位法抵触的条件下制定关于本行政区域的市场准入制度，其他效力级别的法律都无权设定市场准入。

市场准入制度赋予政府重要的行政权力，直接涉及公民、法人和其他组织的合法权益，关系到社会主义市场经济的发展。政府应严格依法行政，若没有法律依据，任何限制市场主体进入的行为都是非法的。执行机关不但要对相对人的市场进入进行规制，还应当依法对市场主体动态的市场行为实施有效监督，并承担相应责任。行政机关不按规定的市场准入条件、程序行政，越权、滥用职权、徇私舞弊，以及对相对人不依法履行监督责任或者监督不力、对违法行为不予查处的，审批机关主管有关工作的领导和直接责任人员必须承担相应的法律责任。

3. 分类监管原则

国家根据经济领域的特点和准入事项的重要性程度，对投资者、经营者进行分类、分阶段监管，尽量减少经营者进入市场的"门槛"。市场准入的产业主要涉及资源利用、交通、电信、电力等公用事业以及原材料、建筑工程承包、零售、外贸、金融、中介服务、高度危险业、新闻出版和文化建设等这些关系到公共安全、人民生命财产安全的行业。

对不同的行业实行不同类型市场的准入方式。如竞争性行业的市场准入实行准则制，加强事中和事后的监管；不完全竞争领域实行核准制，加强资格审查及事中和事后监管；非竞争性领域实行审批制，全面重视全程的监管等。

4. 协调合作原则

协调合作原则，指的是负有经济管理职能的政府机关和其他组织应当协调配合，防止因职能冲突导致不合作。

（1）平衡准入成本与收益。市场准入制度是存在制度的成本的，这不仅包括立法成

---

① 赵琳琳. 经济法上的市场优先原则分析 [J]. 中国高新区，2019（24）：356.

本、执法成本，还包括市场准入制度给市场主体行为带来的成本以及给社会造成的成本。此外，机会成本也是人们在选择某种制度产品而非另一种制度产品时应考虑的因素。所以市场准入制度的建立和执行必须是经济的，收益要实质性地高于成本。合理划分和调整执行市场准入制度的部门职责，简化程序，减少环节，加强和改善管理，提高效率，强化服务。各部门应当有明确的对外受理申请的"窗口"，方便申请人申请；涉及几个部门的，应当相互协调，使工作流程合理化，便利当事人和部门的工作；市场准入制度的执行要严格遵守工作期限，提高工作效率。

执行机构要努力为当事人提供便利的条件，尤其是利用现代化的网络环境对传统的工作程序进行改造，实现信息流的畅通和快捷。比如，企业设立具体制度的选择既需要考虑设立人的效率，也需要考虑未来相关交易主体及社会为此效率支出的成本。从具体设立制度来看，设立人的私人成本主要受制于设立程序上的支出、设立条件准备上的支出等。所以，从社会成本的最小化及政府管制的固有缺陷来看，企业设立制度不宜突出政府在防御机会主义中的地位和作用，而应突出设立制度（尤其是法定条件）的内部完善和相关法制的健全及配套，以实现外在成本的内部化和机会成本的最小化，从而真正使企业设立制度保证市场主体效率和社会效率并举。

（2）对市场准入制度进行合理分解。对市场准入制度进行合理分解，明确规定执行的领导决策层、可行性考核层、实际执行层的职责和权限，形成一个权力合理分配、行使相互监督的管理体系，防止少数人权力过度集中而又缺乏内部监督、搞暗箱操作的弊端。

（二）市场准入制度的立法模式

在不同国家或同一国家不同的历史发展时期，由于经济发展水平、政治经济制度、文化历史背景等方面的差别，政府对进入市场从事生产经营活动的立场也大不一样，与此相关的立法也存在着重大的差别，形成了不同的市场准入立法模式。概括起来，大致有以下类型。

第一，自由放任模式。自由放任即国家对主体进入市场采取不干预政策，任何人以任何方式进入市场，从事生产经营活动，都不被法律禁止。

第二，特许主义模式。特许主义模式是指由专门法律或命令的方式准入主体进入市场，它主要用于通过设立企业进入市场的情形。采取这种方式准许设立企业主要有以下形式：由国家元首发布命令而设立；经国家特许的方式设立；由国家立法机关制定特别法律许可设立。特许主义对企业设立限制过于严格，因此在现代国家中很少采用。

第三，准则主义模式。准则主义模式是指由法律规定企业设立的必要条件，只要按照法定条件设立企业，不必经过行政批准，企业即可登记成立。为防止这一原则的滥用，许多国家一方面用法律严格规定设立企业的条件；另一方面，加强法院及行政机关对企业设立的监督，纯粹的准则主义很少。

第四，行政许可主义模式。行政许可主义又称核准主义，指企业经国家行政机关批准才能设立。核准原则的特点是可以防止企业的滥设，但如果适用范围过大，则不利于企业的设立。因此，这一原则的实行范围日益缩小。

第五，混合模式。混合模式即根据市场主体的性质或市场主体拟从事的市场经营活动的类型等具体情况，分别采用行政许可主义和准则主义。我国即为实行混合模式的国家。

二、市场准入制度的内容体系

（一）市场准入的具体方式

市场准入的实质条件是标准化和指标化管理。从实际来看，市场准入的方式如下。

第一，行政许可。行政许可是市场准入的主要方式，也是最传统的方式。行政机关根据公民、法人或者其他组织的申请，经依法审查，准予其从事特定活动的行政性管理行为。从行政许可的性质、功能和适用条件的角度来说，行政许可的种类大体可以划分为五类：普通许可、特许、认可、核准、登记。

第二，直接运用规范性文件限制、禁止投资者进入市场。规范性文件是各级机关、团体、组织制发的各类文件中最主要的一类，因其内容具有约束和规范人们行为的性质，故称为规范性文件。目前，我国法律法规对规范性文件的含义、制发主体、制发程序和权限以及审查机制等，尚无全面、统一的规定。规范性文件一般是指法律范畴以外的其他具有约束力的非立法性文件。目前这类非立法性文件的制定主体非常之多，例如各级党组织、各级人民政府及其所属工作部门，以及人民团体、社团组织、企事业单位、法院、检察｛。

第三，直接通过行政命令确定特殊行业、业务的生产经营。行政命令即行政主体依法要求相对人进行一定的作为或不作为的意思表示。行政命令具有强制力，它包括两类：一是要求相对人进行一定作为的命令，如命令纳税、命令外国人出境；二是要求相对人履行一定的不作为的命令，称为禁（止）令，如因修建马路禁止通行，禁止携带危险品的旅客上车等。

第四，以标准化、资质条件等数量化、技术化指标对投资者进行限制、禁止。数量化指标，一般是指对投资者生产要素持有量的限制，比如公司的注册资本、营业面积、经营年限等。技术化指标是对投资者从事某种商品或服务的技术水平限制，比如产品是否符合强制性标准。这涉及产品标准认证问题。

（二）市场准入制度的层次

市场准入制度是个多层次的制度体系，包括以下三个层面的制度。

1. 一般市场准入制度

一般市场准入制度，是市场经营主体进入市场，从事市场经营活动都必须遵守的一般条件和程序规则。在我国，主要是注册登记制度，是政府在对申请者进入市场的条件进行审查的基础上，通过注册登记，确认申请者从事市场经营活动资格，使其获得实际营业权的各项活动的总称。注册登记是一种政府认可行为，未经政府认可，即未经登记取得营业执照而擅自以市场经营主体的名义从事生产经营活动，将构成非法经营。通过登记制度，使每一市场主体在进入市场之前，就具备作为市场主体的基本条件，否则不准入场，从而为稳定市场秩序，保证市场功能的充分发挥奠定了基础。

（1）登记制度的基本类型。根据现行法律规定，我国登记制度有两种：企业法人登记和营业登记。

第一，企业法人登记。拟设立的企业符合法人条件的，可以申请企业法人登记。通过企业法人登记，领取营业执照后，申请登记的企业具备法人资格，该企业便可以作为独立的法人获得经营权。具备企业法人条件的全民所有制企业、集体所有制企业、联营企业、在中国境内设立的外商投资企业（包括中外合资经营企业、中外合作经营企业、外资企业）和其他企业，应当申请企业法人登记。实行企业化经营、国家不再核拨经费的事业单位和从事经营活动的科技性社会团体，具备企业法人条件的，应当申请企业法人登记。

第二，营业登记。不具备法人条件的经济组织不能申请企业法人登记，但可以申请营业登记。营业登记不能使登记的经济组织获得法人资格，但可以使其获取营业资格。经登记取得执照后，该经济组织可以在登记的范围内从事市场经营活动。不具备企业法人条件的下列企业和经营单位，应当申请营业登记：联营企业，企业法人所属的分支机构，外商投资企业设立的分支机构，其他从事经营活动的单位。

（2）登记机关。市场监督管理部门是企业法人登记和营业登记的主管机关。登记主管机关依法独立行使职权，实行分级登记管理的原则。

对外商投资企业实行国家市场监督管理总局登记管理和授权登记管理的原则。国家市场监督管理总局负责以下企业的登记管理：国务院批准设立的或者行业归口管理部门审查同意由国务院各部门以及科技性社会团体设立的全国性公司和大型企业；国务院授权部门审查同意由国务院各部门设立的经营进出口业务、劳务输出业务或者对外承包工程的公

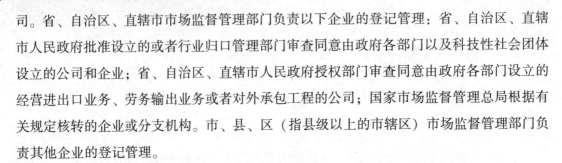

司。省、自治区、直辖市市场监督管理部门负责以下企业的登记管理：省、自治区、直辖市人民政府批准设立的或者行业归口管理部门审查同意由政府各部门以及科技性社会团体设立的公司和企业；省、自治区、直辖市人民政府授权部门审查同意由政府各部门设立的经营进出口业务、劳务输出业务或者对外承包工程的公司；国家市场监督管理总局根据有关规定核转的企业或分支机构。市、县、区（指县级以上的市辖区）市场监督管理部门负责其他企业的登记管理。

（3）登记程序。

第一，申请和受理。企业法人开业登记一般由企业组建负责人向有管辖权的登记机关提出申请，独立承担民事责任的联营企业办理企业法人登记的，由联营企业的组建负责人申请。申请登记的单位应提交的文件、证件和填报的登记注册书齐备后，登记机关受理申请，否则不予受理。

第二，审查。登记主管机关应当对申请单位提交的文件、证件、登记申请书、登记注册书以及其他有关文件进行审查，审查提交的文件、证件和填报的登记注册书是否符合有关登记管理规定。登记机关审查的内容包括两个方面：①申请人提交的材料是否真实、合法、有效；②申请登记的企业、其他组织或个人是否具备法律规定的应予注册登记的各项条件。

第三，核准。登记机关经过审查和核实后，作出核准登记或者不予核准登记的决定，并及时通知申请登记的单位。

第四，发照。经审查符合核准注册条件的，分别核发证照：对具备企业法人条件的企业，核发企业法人营业执照；对不具备企业法人条件，但具备经营条件的企业和经营单位，核发企业法人营业执照。登记主管机关应当分别编定注册号，在颁发的证照上加以注明，并记入登记档案。登记主管机关核发的企业法人营业执照是企业取得法人资格和合法经营权的凭证。登记主管机关核发的企业法人营业执照是经营单位取得合法经营权的凭证。经营单位凭据企业法人营业执照可以刻制公章，开立银行账户，开展核准的经营范围以内的生产经营活动。

2. 特殊市场准入制度

特殊市场准入制度，是规定市场经营主体进入特殊市场从事经营活动所必须具备的条件和程序规则的制度，主要是指审批许可制度。审批许可制度是指国家有关部门对社会成员直接设立企业和其他类型的经济组织进行特定的生产经营活动进行审查，在符合法律规定的条件下，准许其进入某种市场，从事生产经营活动的一种市场准入制度。

（1）审批制度的适用范围。审批制度主要适用于从事特定类型的生产经营活动。特定范围内的市场经营活动是指与社会公共利益密切相关的经济活动。所谓与社会公共利益相关的经济活动是指对国家主权、社会公共安全、人民群众身心健康、社会经济的总体发展等可能带来直接影响的经济活动。从现行立法的规定来看，需要经有关部门审查才能设立的企业主要包括：①药品生产企业和药品经营企业；②金融组织；③外商投资企业；④文物经营企业；⑤计量器具的生产、修理企业；⑥食品生产经营企业和食品摊贩；⑦烟草经营企业；⑧化学危险品经营企业；⑨麻醉药品经营企业；⑩广告经营企业；⑪通信服务经营企业；⑫锅炉压力容器生产企业等。

（2）审批许可机构。审批许可机构根据市场主体经营的商品服务类别的不同而有所差别。从事药品生产经营的，由卫生行政部门负责审批；金融业经营机构的设立，由中国人民银行负责审批；从事证券业务的，由证监会审批；设立外商投资企业的，由对外经济贸易行政部门审批；从事文物经营的，由文物管理部门审批；从事计量器具生产、修理的，由技术监督行政管理部门审批；从事食品生产经营的，由卫生行政部门审批；从事烟草经营的，由烟草专卖行政管理部门审批。

（3）审批许可形式。根据我国的相关法规规定，审批许可分为前置审批和后置审批。前置审批是指在某些企业在获得营业执照登记之前就需要取得的相关审批项目同意书或相关证件，比如要经营食品行业的就需要获得食品卫生许可证；后置审批则是在企业注册以后，经营范围涉及国家法律法规规定的专项审批项目，那么企业就必须通过该项目的审批才能开展经营活动。

3. 涉外市场准入制度

涉外市场准入制度包括一国对外国资本进入国内市场规定的各种条件和程序规则，以及一国对本国资本进入国际市场规定的各种条件和程序规则。

第二节　公司法及其治理结构

一、公司法的内涵

公司法是指调整公司设立、组织、运营、解散以及其他社会关系的法律规范的总称。通常公司法有广义和狭义之分：就广义而言，所谓公司法是指各种调整公司设立、组织、运营、解散以及其他社会关系的公司法律规范的总称，不仅局限于以公司法命名的法律，还包括其他法律中的公司法规范；就狭义而言，所谓公司法就是指以公司法命名的调整公司设立、组织、运营、解散以及其他社会关系的法律规范的总称，如《中华人民共和国公司法》（以下简称《公司法》）。

（一）公司法的调整对象

调整对象是划分法律部门的重要标准之一。每一个法律部门均有独特的调整对象，公司法也不例外。从公司法的概念出发，其调整对象主要为公司设立、组织、运营、解散过程中所发生的社会关系。就总体而言，这些社会关系可以分为财产关系和组织关系两类。

1. 财产关系

公司不会孤立地存在，必定和股东、第三人发生这样那样的社会关系，从而形成对内关系和对外关系。所谓对内之法律关系，即指公司与其股东，或其股东相互间之法律关系而言；所谓对外之法律关系，即指公司与第三人或其股东与第三人之法律关系而言。因而公司法所调整的财产关系又可以分为两类，即内部财产关系和外部财产关系。

（1）内部财产关系，是指公司的发起人之间、股东之间、股东和公司之间围绕公司的设立、组织、运营、解散所形成的具有财产内容的社会关系，包括发起人的出资、出资的转让、股利的分配、公司的增资和减资、公司的合并和分立、公司的解散与清算等。公司的内部财产关系贯穿于公司存续的全过程，是公司法的主要调整对象。

（2）外部财产关系，是指公司运营过程中与第三人形成的具有财产内容的社会关系，包括两类：一是公司日常经营过程中与第三人形成的财产关系，该种财产关系与公司本身的组织特点联系并不密切，任何企业均会形成此种财产关系，因而该财产关系不由公司法调整；二是与公司本身的组织特点密切联系的财产关系，其他企业通常不会形成此种财产关系，该种财产关系多由公司法调整。

2. 组织关系

公司法调整的组织关系也分为两类，即内部组织关系和外部组织关系。

（1）内部组织关系，是指公司的发起人之间、股东之间、股东和公司之间、股东与股东会、监事会、经理之间在公司存续过程中所形成的具有管理协作内容的社会关系。公司内部的组织关系，涉及公司的运营和相关利害关系人的利益，也是公司法的主要调整对象，而且较之公司内部的财产关系而言更为重要。毕竟离开了良好的组织模式，公司根本无法获取利润，公司和股东的利益均无从谈起。

（2）外部组织关系，是指公司在设立、组织、运营、解散过程中与国家有关管理机关之间形成的纵向经济管理关系，例如公司与工商机关、主管机关之间的关系。这种外部的组织关系对公司的设立、组织、运营、解散非常重要，反映了整个社会维护经济秩序和交易安全的客观需要。

（二）公司法的价值取向

法律诸价值的互克性是它们之间关系的主流，在法律的诸价值中，如果其中的一项价值得到完全的实现，就难免在一定程度上牺牲或否定其他价值。每一个部门法，必然在相互冲突的法律诸价值中，选择某一项价值作为其基本价值追求，从而实现其立法目的。个人法和团体法也表现出了不同的价值取向。

在法律诸价值中，作为个人法的民法的基本价值取向是公平，即公平与民法的其他价值（譬如效率）发生冲突时，民法首先会选择公平，公平优先兼顾效率。作为民法基本价值取向的公平，主要体现在平等原则和公平原则上。平等是指人们在法律地位上的平等，并在其权利遭受侵害时应受到平等的保护。平等是社会中的最基本正义，或者说是分配正义的要求。公平原则强调以利益均衡作为价值判断标准调整主体之间的利益关系。平等原则和公平原则相辅相成，共同实现民法的公平、正义的价值理念。

作为团体法的公司法的基本价值取向是效率，即效率与公司法的其他价值（譬如公平）发生冲突时，公司法首先会选择效率，效率优先兼顾公平。公司股东的利益冲突在所难免，为了保障公司的整体利益，公司法上建立了不同于民法的意思表示机制，实行资本多数决，极大地提高了效率。

二、公司治理结构

公司治理结构，从广义上讲，是指有关公司控制权和剩余索取权分配的所有法律、制度确定的权责关系；从狭义上讲，是指股东会、董事会、监事会和高级管理人员各负其责、协调运转、有效制衡的权责关系。"在新时代发展背景下，大部分人都已经意识到了科学的公司治理模式决定了公司发展趋向与绩效，完整且有效的公司治理结构能推进公司顺利运行，并且强化公司市场竞争能力，促使市场透明化。"[①]

（一）公司治理结构的设置原则

公司治理结构的设置包括公司设立何种组织机构、组织机构的职权职责划分和各组织机构运行中的相互制衡关系，主要有以下两项原则。

---

①赵丽丽. 公司治理结构与公司绩效分析 [J]. 法制博览，2020（2）：119-120.

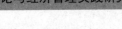

1. 分权制衡原则

分权制衡原则是各国公司治理结构设置的一个基本原则。公司组织机构的设置应该按照所有权与经营权相分离的原则，遵循决策权、执行权、监督权相互配合、相互制约的方针。由全体股东组成的股东会或者股东大会为公司的决策机构，我国《公司法》称其为权力机关，有权决定公司的大政方针；由董事组成的董事会为公司的业务执行机关，行使经营管理权；监事会是公司的专门监督机关，代表公司对董事、高级管理人员的职务活动进行监督。按照分权制衡原则，各国公司法都强调特定的公司机构只能按照规定行使职权，任何机构都不能独揽公司全部权力，也不能替代其他机构行使权力。为了保证各个机构正确行使职权，必须建立一个相互依赖、相互作用、相互制约的组织制度，通过权力制约权力，平衡公司内部不同利益主体之间的利益，以实现经济利益的最大化。

2. 效率与公平原则

公司是营利性法人，面对瞬息万变的市场经济，公司为了取得很好的经济效益，其运作必须高效。因此，效率成为公司设置治理结构首先考虑的因素。公司运行没有效率，公司就不会有很好的经济效益。公司是依靠公司组织机构运行的，因此，公司治理结构的设置必须以机构高效运行为原则。现代公司法弱化股东会的作用，强化董事会功能的发展趋势，就是此原则的直接反映。但是，强调效率时，绝对不能忽视公平。所以，各国公司法在强化董事会职权的同时，也在强调董事的义务和责任，加强对董事的监督，完善股东权利，加大对股东权利的保护力度。

（二）公司治理结构的具体构成

1. 股东会和股东大会

（1）股东会和股东大会的特征。股东会是由全体股东组成的有限责任公司的权力机构；股东大会则是由全体股东组成的股份有限公司的权力机构。股东会和股东大会的特征如下。

第一，股东会和股东大会是由全体股东组成的机构。有限责任公司股东会由全体股东组成，股份有限公司股东大会由全体股东组成。这说明，股东会和股东大会都是由全体股东构成的，不能将任何一个股东排除在外，任何股东都有权出席股东会或者股东大会，即使没有表决权的股东也不例外。没有表决权仅意味着持有这类股份的股东不能参与表决，并不意味着他不能出席股东会或者股东大会，也不表示他不能在会上讨论问题，相反，他们可以出席会议或者讨论议案或者陈述意见。另外，股东有出席股东会或者股东大会的权利，即既可以出席，也可以不出席，任何人都无权强制股东开会。有些股东未出席会议，仍然不能否认股东会或者股东大会是由全体股东组成的。

第二，股东会和股东大会是股东总体意见决定公司意思的机关。股东会或者股东大会有权对公司的重大事项作出决定。股东表决时，不是全体股东一致同意，而是股东总体意见形成，代表多数股权的股东通过便可。

第三，股东会和股东大会是公司的法定必备的最高机构。股东会和股东大会是公司的权力机构。股东会或者股东大会的权力，董事会、监事会和经理的职权都是法律明确规定的，股东会或者股东大会是公司的权力机构，董事会、监事会和经理也是公司的权力机构。股东会或者股东大会是公司必须设置的机构，能决定公司的重大事项，所以可以认为它是公司的最高机构。但是，股东会或者股东大会不能干涉公司其他机构的职务活动，不能认为是最高权力机构。

国有独资公司不设股东会，由国有资产监督管理机构行使股东会职权。国有资产监督管理机构可以授权公司董事会行使股东会的部分职权，决定公司的重大事项，但公司的合并、分立、解散、增减注册资本和发行公司债券，必须由国有资产监督管理机构决定；其中，重要的国有独资公司合并、分立、解散、申请破产的，应当由国有资产监督监理机构审核后，报本级人民政府批准。

一人有限责任公司不设股东会，股东行使股东会的全部职权。股东作出股东会职权范围的决定时，应当采用书面形式，并由股东签字后置备于公司。

（2）股东会或者股东大会的职权。股东会或者股东大会的职权就是根据公司法和公司章程的规定，股东会或者股东大会能决定公司的基本事宜。根据权力的来源不同，股东会或者股东大会的职权可以分为法定职权、章程所定职权和其他职权。

股东会或者股东大会的法定职权就是由公司法直接规定的职权，它不能通过公司章程、股东会或者股东大会决议进行改变；章程所定职权是公司章程确定的股东会或者股东大会的职权，只有通过修改章程的形式才能进行变更；股东会或者股东大会的其他职权是由某种特别原因临时确定的职权。

第一，法定职权。股东会和股东大会职权相同，包括：①决定公司的经营方针和投资计划；②选举和更换非由职工代表担任的董事、监事，决定有关董事、监事的报酬事项；③审议批准董事会的报告；④审议批准监事会或者监事的报告；⑤审议批准公司的年度财务预算方案、决算方案；⑥审议批准公司的利润分配方案和弥补亏损方案；⑦对公司增加或者减少注册资本作出决议；⑧对发行公司债券作出决议；⑨对公司合并、分立、变更公司形式、解散和清算等事项作出决议；⑩修改公司章程；⑪公司章程规定的其他职权。

有限责任公司的股东对前款所列事项以书面形式一致表示同意的，可以不召开股东会会议，直接作出决定，并由全体股东在决定文件上签名、盖章。

第二，章程所定职权。公司股东会或者股东大会行使公司章程规定的其他职权。也就是说，公司章程可以规定除股东会或者股东大会法定职权之外的其他职权。

第三，其他职权。《公司法》第一百零四条规定，本法和公司章程规定公司转让、受让重大资产或者对外提供担保等事项必须经股东大会作出决议的，董事会应当及时召集股东大会会议，由股东大会就上述事项进行表决。根据以上规定，非上市股份有限公司的章程可以规定，公司转让、受让重大资产或者对外提供担保等事项必须经股东大会作出决议，将这些纳入股东大会的职权范围。

2. 董事和董事会

（1）董事。董事是指由股东会或者股东大会、公司职工民主选举产生或者直接由出资人委派的，管理和监督公司事务的董事会人员。

董事可分为专职董事和兼职董事。专职董事，又称为内部董事，是指在公司担任高级管理职务和其他兼职的公司董事；兼职董事，又称为外部董事，是指只是在公司担任董事职务，而没有其他任何职位且有公司外的其他职务的董事。兼职董事可能与公司之间存在利害关系，也可能没有利害关系。与公司没有利害关系的兼职董事或者外部董事被称为独立董事。

（2）董事会。董事会是由全体董事所组成的，有决定公司业务执行权限的公司法定、常设的集体业务执行机关。董事会具有以下含义。

第一，董事会是公司的业务执行机关。在公司治理结构中，股东会或股东大会是公司的意思形成机关，股东会或者股东大会的决议必须由董事会负责主持实施。

第二，董事会是集体执行公司业务的机关。董事会是会议机关，其权限应当以会议的形式实现。董事会对公司业务的决议，表达的是董事会成员的共同意思，是多数人的意见。如果因董事会没有召开，而是董事书面同意的决定，就是全体董事都同意也不能发生董事会决议的效力。

第三，董事会的决议不能直接对外发生效力，而必须通过其代表董事长或者其他执行董事、经理根据董事会决议所作的意思表示。董事会为公司的机关，没有法律人格，不能成为诉讼主体，不能成为原告或者被告。

第四，一般来说，董事会是公司的法定、常设机关。在公司的各种机关中，董事会是一个必设机关。

董事会的职权包括：①召集股东会会议，并向股东会报告工作；②执行股东会的决议；③决定公司的经营计划和投资方案；④制订公司的年度财务预算方案、决算方案；⑤制订公司的利润分配方案和弥补亏损方案；⑥制订公司增加或者减少注册资本以及发行公司债券的方案；⑦制订公司合并、分立、解散或者变更公司形式的方案；⑧决定公司内部管理机构的设置；⑨决定聘任或者解聘公司经理及其报酬事项，并根据经理的提名决定聘任或者解聘公司副经理、财务负责人及其报酬事项；⑩制定公司的基本管理制度；⑪公司章程规定的其他职权。

3. 经理等高级管理人员

经理，又称为经理人，是由董事会聘任的、负责组织公司日常经营管理活动的公司常设执行机关。与股东会或者股东大会、董事会、监事会不同，经理机关不是会议形式的机关，其行为不用通过会议以多数原则形成意思和决议，而是以担任经理的高级管理人员的最终意思为准。公司高级管理人员，是指公司的经理、副经理、财务负责人、上市公司董事会秘书和公司章程规定的其他人员。所以，经理是公司高级管理人员中的负责人，其他高级管理人员协助经理工作。

现代社会，许多公司的股权越来越分散，股东对公司的管理日益漠视，而市场竞争的激烈化，使公司管理成为一门专业技能，一般股东无法对公司经营进行全面管理。由于公司运行时，每日例行的工作太多，每年两次的董事会无法处理完成。所以，经理包括其他公司高级管理人员的作用突显，其权力也在不断膨胀。在一些大型上市公司中，传统的董事会决策体制框架被首席执行官所取代。首席执行官负责决定公司人事任免、企业文化营造等重大事项。当然，经理的地位没有根本改变，经理仍然是公司日常事务执行机关，经理由董事会任免。经理是董事会的辅助机关，必须听从于董事会，执行董事会的决议，接受董事会和监事会的监督。公司经理不是各国公司法规定的机构，而是公司章程任意设定的机构。在我国，有限责任公司可以设经理，股份有限公司应当设经理。

有限责任公司和股份有限公司经理的职权包括：①主持公司的生产经营管理工作，组织实施董事会决议；②组织实施公司年度经营计划和投资方案；③拟订公司内部管理机构设置方案；④拟订公司的基本管理制度；⑤制定公司的具体规章；⑥提请聘任或者解聘公司副经理、财务负责人；⑦决定聘任或者解聘除应由董事会决定聘任或者解聘以外的负责管理人员；⑧董事会授予的其他职权。公司章程对经理职权另有规定的，从其规定。经理列席董事会会议。

4. 监事与监事会

各国公司法对监事会这一机构的称谓不同，有的称之为监事会，有的称之为监察委员

会，也有的称之为监察人。尽管称谓不同，但其实质并没有差别。监事会是对公司业务执行活动进行监督和检查的公司机构。我国一般有限责任公司和股份有限公司必须设立监事会，但股东人数较少或者规模较小的有限责任公司，可以设一至两名监事，不设立监事会。我国监事会有以下职权：

（1）监督检查权。

第一，调查公司业务及财务状况。监事会或者不设监事会的公司的监事有权检查公司财务，有权要求公司如实提供有关资料，公司董事、高级管理人员不得妨碍监事会或者监事的行为。监事会或者监事的职务行为所发生的费用由公司承担。所以，监事会或者监事可以随时检查公司财务，调查公司的业务执行情况，查阅公司的簿册文件，公司董事、高级管理人员必须如实提供。簿册就是公司的各种会计报表。文件是指公司与人签的各种合同、公司的各种会议记录等。调查公司业务执行和公司财务状况，必须核查会计账簿，审阅合同等文件，需要具备法律或者会计方面的专业知识。

第二，列席董事会陈述意见。有限责任公司的监事可以列席董事会会议，并对董事会决议事项提出质询或者建议。监事会、不设监事会的公司的监事发现公司经营情况异常，可以进行调查；必要时，可以聘请会计师事务所等协助其工作，费用由公司承担。监事会作为公司业务监督机构，其行使监督权时必须了解公司的业务经营，如果监事列席董事会，则监事就能较早地发现董事的违法、违章行为，及时采取措施。这样，监事会或者监事就能在公司业务执行前介入，属于事前监督，能防止董事和高级管理人员违法、违章。

监事会或者监事发现董事、高级管理人员违反法律、行政法规、公司章程或者股东会决议，有权向股东会或者股东大会、监事会提出罢免的建议；如果董事、高级管理人员的行为损害公司的利益时，要求董事、高级管理人员予以纠正；有限责任公司的股东、股份有限公司连续一百八十日以上单独或者合计持有公司百分之一以上股份的股东，书面请求监事会或者不设监事会的有限责任公司的监事向人民法院提起诉讼时，监事会或者监事有权对监事、高级管理人员提起诉讼。

（2）代表公司的权力。董事长、执行董事或者经理可以作为公司的法定代表人对外代表公司。但是，监事会在特定的情形下，也有权代表公司。

第一，代表公司委托律师事务所、会计师事务所。监事会、不设监事会的公司的监事发现公司经营情况异常，可以进行调查；必要时，可以聘请会计师事务所等协助其工作，费用由公司承担；在检查公司财务时，监事会、不设监事会的公司的监事也可以委托会计师事务所协助。为此，监事会、不设监事会的公司的监事有权代表公司委托服务机构协助自己工作。

第二，应股东或者少数股东权股东的请求，为公司对董事、高级管理人员提起诉讼。董事、高级管理人员有公司法禁止行使行为的，有限责任公司的股东、股份有限公司连续一百八十日以上单独或者合计持有公司百分之一以上股份的股东，可以书面请求监事会或者不设监事会的有限责任公司的监事向人民法院提起诉讼。这时，监事会、不设监事会的公司的监事有权代表公司对这些董事、高级管理人员提起诉讼。尽管法律没有明确规定，监事会、不设监事会的有限责任公司的监事在没有少数股东权股东请求时可以直接提起诉讼，但是，如果经过公司章程或者股东会或者股东大会决议授权，监事会或者监事应当可以代表公司提起诉讼。

（3）与股东会或者股东大会相关的权力。

第一，召开临时股东会或者股东大会的提议权。股东会或者股东大会的会议分为定期会议和临时会议。临时会议是为了处理公司突发性重大事件而召开的。如果公司发生突发性重大事件而董事会还没有召集，监事会、不设监事会的公司的监事有权向公司提议召开临时股东会或者股东大会，以及时做出决策，解决问题。

第二，股东会或者股东大会的召集权、主持权、提案权和建议权。一般情况下，股东会或者股东大会由董事会召集、董事长主持，但是如果出现董事会或者执行董事不能履行或者不履行召集股东会会议职责情形的，监事会、不设监事会的公司的监事就有权召集和主持会议，以防止股东会或者股东大会无法召集，不能召开。另外，监事会、不设监事会的公司的监事有权向股东会或者股东大会提出提案，对违反法律、行政法规、公司章程或者股东会决议的董事、高级管理人员提出罢免的建议。

第三节　《个人独资企业法》及事务管理

个人独资企业是指依照《中华人民共和国个人独资企业法》（以下简称《个人独资企业法》）在中国境内设立，由一个自然人投资，财产为投资人个人所有，投资人以其个人财产对企业债务承担无限责任的经营实体。

一、个人独资企业的法律特征

第一，个人独资企业由一个自然人投资。根据《个人独资企业法》的规定，设立个人独资企业的投资人只能是一个自然人，国家机关、国家授权投资的机构或者国家授权的部门、企业、事业单位都不能作为独资企业的设立人。这是独资企业在投资主体上与合伙企业和公司的区别所在。

第二，个人独资企业的全部财产为投资人个人所有。投资人是企业财产（包括企业成立时投资人的出资和企业存续期间积累的财产）的唯一所有者。也就是说，独资企业财产与投资人个人财产没有严格区分。

第三，个人独资企业的投资人以其个人财产对企业债务承担无限责任。这是在责任形态方面独资企业与公司（包括一人有限责任公司）的本质区别。该无限责任包含三层意思：①独资企业的债务全部由投资人承担；②投资人承担责任不限于出资额，其责任财产包括独资企业财产和投资人个人财产；③投资人对独资企业债权人直接负责。

第四，个人独资企业是非法人企业。个人独资企业由一个自然人投资，投资人对企业债务承担无限责任，企业的责任即是投资人个人责任，企业的财产即是投资人个人财产。因此，独资企业不享有独立的财产权利，也不能独立承担责任，故其不具有法人资格。但是，独资企业是独立的民事主体，可以以自己的名义从事民事活动。

二、个人独资企业的设立分析

（一）设立条件

第一，投资人为中国公民。个人独资企业的投资人为一个自然人，且只能是具有中华人民共和国国籍的自然人，不包括外国自然人，所以外商独资企业不适用《个人独资企业法》，而适用《中华人民共和国外资企业法》。法律、行政法规禁止从事营利性活动的人，不得作为投资人申请设立个人独资企业。我国现行法律、行政法规规定的禁止从事营利性活动的人主要包括：法官，即凡取得法官任职资格、依法行使国家审判权的审判人员；检察官，即凡取得检察官任职资格，依法行使国家检察权的检察人员；人民警察；国家公务员；现役军人。

第二，有合法的企业名称。个人独资企业的名称应当与其责任形式及从事的营业相符合。独资企业名称中不得使用"有限""有限责任"或者"公司"字样，个人独资企业可以叫厂、店、部、中心、工作室，等等。

第三，有投资人申报的出资。投资人可以个人财产出资，也可以家庭共有财产作为出资。个人独资企业投资人在申请企业设立登记时明确以其家庭共有财产作为出资的，应当依法以家庭共有财产对企业债务承担无限责任。

第四，有固定的生产经营场所和必要的生产经营条件。生产经营场所包括企业的住所和与生产经营相适应的场所。住所是企业的主要办事机构所在地，是企业的法定地址。

第五，有必要的从业人员。即要有与其生产经营范围、规模相适应的从业人员。

（二）设立程序

1. 提出设立申请

申请设立个人独资企业，应当由投资人或者其委托的代理人向个人独资企业所在地的登记机关提出设立申请。市场监督管理部门是个人独资企业的登记机关。国家市场监督管理总局主管全国个人独资企业的登记工作。省、自治区、直辖市市场监督管理部门负责本地区个人独资企业的登记工作。市、县（区）市场监督管理部门负责本辖区内的个人独资企业登记。

投资人申请设立登记，应当向登记机关提交设立申请书、投资人身份证明、生产经营场所使用证明等文件。委托代理人申请设立登记时，应当出具投资人的委托书和代理人的合法证明。个人独资企业不得从事法律、行政法规禁止经营的业务；从事法律、行政法规规定须报经有关部门审批的业务，应当在申请设立登记时提交有关部门的批准文件。

2. 核准登记

登记机关应当在收到设立申请文件之日起15日内，对符合《个人独资企业法》规定条件的，予以登记，发给营业执照；对不符合《个人独资企业法》规定条件的，不予登记，并应当给予书面答复，说明理由。个人独资企业的营业执照的签发日期，为个人独资企业成立日期。

3. 分支机构登记

个人独资企业设立分支机构，应当由投资人或者其委托的代理人向分支机构所在地的登记机关申请登记，领取营业执照。分支机构经核准登记后，应将登记情况报该分支机构隶属的个人独资企业的登记机关备案。分支机构的民事责任由设立该分支机构的个人独资企业承担。实质上，个人独资企业分支机构的民事责任仍由投资人承担。登记机关应当在收到按规定提交的全部文件之日起15日内，做出核准登记或者不予登记的决定。核准登记的，发给营业执照；不予登记的，发给登记驳回通知书。

三、个人独资企业的事务管理

个人独资企业投资人对本企业的财产依法享有所有权，其有关权利可以依法进行转让或继承。企业的财产不论是投资人的原始投入，还是经营所得，均归投资人所有。

个人独资企业投资人可以自行管理企业事务，也可以委托或者聘用其他具有民事行为

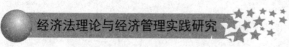

能力的人负责企业的事务管理。投资人委托或者聘用他人管理个人独资企业事务，应当与受托人或者被聘用的人签订书面合同，明确委托的具体内容和授予的权利范围。投资人对受托人或者被聘用的人员职权的限制，不得对抗善意第三人。这里所指的善意第三人，是指与个人独资企业有经济联系的第三人不知道投资人对受托人行使权利所作限制的事实，本着合法交易的目的，诚实地通过个人独资企业的事务执行人，与个人独资企业建立民事、商事法律关系的法人、非法人团体或自然人。

受托人或者被聘用的人员应当履行诚信、勤勉义务，按照与投资人签订的合同负责个人独资企业的事务管理。受托人或者被聘用的人员应当履行诚信、勤勉义务，按照与投资人订立的合同负责个人独资企业的事务管理，不得有下列行为：利用职务上的便利，索取或者收受贿赂；利用职务或者工作上的便利侵占企业财产；挪用企业的资金归个人使用或者借贷给他人；擅自将企业资金以个人名义或者以他人名义开立账户储存；擅自以企业财产提供担保；未经投资人同意，从事与本企业相竞争的业务；未经投资人同意，同本企业订立合同或者进行交易；未经投资人同意，擅自将企业商标或者其他知识产权转让给他人使用；泄露企业的商业秘密；法律、行政法规禁止的其他行为。受托人或者被聘用的人员管理个人独资企业事务时违反双方订立的合同，给投资人造成损害的，应承担民事赔偿责任。

第四节　合伙企业法及其清算

合伙企业法有广义和狭义之分：广义的合伙企业法，是指国家立法机关或者其他有权机关依法制定的、调整合伙企业关系的各种法律规范的总称；狭义的合伙企业法，是指由国家最高立法机关依法制定的、规范合伙企业合伙法律关系的专门法律，即《中华人民共和国合伙企业法》（以下简称《合伙企业法》）。因此，除了《合伙企业法》外，国家相关法律、行政法规和规章中关于合伙企业的法律规范，都属于合伙企业法。

一、合伙企业的类型及法律特征

合伙企业，是指自然人、法人和其他组织依照《合伙企业法》在中国境内设立的普通合伙企业和有限合伙企业。

（一）合伙企业的类型划分

合伙企业分为普通合伙企业和有限合伙企业。

1. 普通合伙企业

普通合伙企业由普通合伙人组成，合伙人对合伙企业债务承担无限连带责任。普通合伙企业是典型的人合型企业，以出资人的个人信用为基础，合伙人之间的相互信赖是其设立存续的基石。

普通合伙企业分为一般的普通合伙企业和特殊的普通合伙企业。特殊的普通合伙企业，一般是指以专业知识和专业技能为客户提供有偿服务的专业机构。目前，国际四大会计师事务所均采用此种企业形式。特殊的普通合伙企业名称中应当标明"特殊普通合伙"字样。特殊的普通合伙企业中，在为客户提供服务时，合伙人个人的知识、技能、职业道德、经验等往往起着决定性的作用。所以，依据合伙人执业活动中造成合伙企业债务的主观因素的不同，合伙人承担责任的方式也不同。一个合伙人或者数个合伙人在执业活动中因故意或者重大过失造成合伙企业债务的，应当承担无限责任或者无限连带责任，其他合伙人以其在合伙企业中的财产份额为限承担责任。合伙人在执业活动中非因故意或者重大过失造成的合伙企业债务以及合伙企业的其他债务，由全体合伙人承担无限连带责任。

2. 有限合伙企业

有限合伙企业由普通合伙人和有限合伙人组成，普通合伙人对合伙企业债务承担无限连带责任，有限合伙人以其认缴的出资额为限对合伙企业债务承担责任。有限合伙企业这一形式主要是为了适应发展风险投资的需要。

（二）合伙企业的法律特征

第一，由两个以上投资人共同投资兴办。合伙企业的投资人既可以为具有完全行为能力的自然人，也可以为法人，但是必须为两人或者两人以上。这使合伙企业区别于个人独资企业。投资人的出资形式多样化，除了一般的货币、实物、土地使用权、知识产权和其他财产权利外，普通合伙人还可以以个人劳务出资，评估办法由全体合伙人协商确定，并在合伙协议中载明。

第二，合伙人以书面合伙协议确定各方出资、利润分享和亏损分担等。合伙企业是根据合伙人共同签订的合伙协议成立的企业组织形态。合伙协议既是合伙企业设立的法律依据，又是调整合伙企业内部关系的基本文件。在罗马法中合伙就是指两个或两个以上的人出于共同的目的，将财产聚合在一起，或一方以财产、另一方以劳务为出资的契约关系。因此，合伙协议是合伙人之间确定权利义务关系的最重要的依据，合伙人应以书面形式在合伙协议中明确约定出资方式、数额、利润分配方式、亏损分担方式、合伙事务的执行、入伙、退伙、合伙终止等事项。

第三，合伙人对企业债务依法承担责任。普通合伙人对合伙债务承担无限或无限连带责任，有限合伙人对合伙债务承担有限责任。在合伙企业与第三人的关系中，合伙企业以其所有财产清偿第三人的债务，不足清偿时，普通合伙人负有以其在合伙企业中出资以外的个人财产清偿合伙企业债务的责任。有限合伙企业中的有限合伙人以其认缴的出资额为限对合伙企业债务承担责任。

第四，合伙企业属于人合型企业。合伙企业的设立在一定程度上是基于合伙人之间的相互信赖，合伙企业当中合伙人共同参与企业的经营管理，普通合伙人对执行合伙事务享有同等的权利。有限合伙人不执行合伙事务，不对外代表有限合伙企业。合伙企业吸收新的合伙人必须经全体合伙人一致同意。

第五，合伙企业是非法人企业。与独资企业一样，合伙企业不享有独立的财产权利，也不能独立承担责任，故其不具有法人资格。但是，合伙企业是独立的民事主体，可以自己的名义从事民事活动。

二、合伙企业设立的条件与程序

（一）合伙企业的设立条件

1. 普通合伙企业的设立条件

根据《合伙企业法》第十四条的规定，设立普通合伙企业，应当具备下列条件。

（1）有二个以上合伙人。除自然人外，法人和其他组织也可以成为合伙企业的合伙人。合伙人为自然人的，应当具有完全民事行为能力。若出资人为一个自然人，则是独资企业而非合伙企业。《合伙企业法》未规定普通合伙企业合伙人人数的上限，这是大陆法系合伙立法的普遍做法。但是，由于合伙的人合性特征，实践中合伙人人数一般不会太多。无民事行为能力、限制民事行为能力人不能成为普通合伙企业的合伙人。法律、行政法规禁止从事营利性活动的人，不得成为合伙人。《合伙企业法》第三条明确规定：国有独资公司、国有企业、上市公司以及公益性的事业单位、社会团体不得成为普通合伙人。

（2）有书面合伙协议。合伙协议是由全体合伙人协商一致订立的约定合伙人权利义务关系的协议。合伙协议必须采用书面形式。合伙协议应当载明下列事项：合伙企业的名称和主要经营场所的地点；合伙目的和合伙经营范围；合伙人的姓名或者名称、住所；合伙人的出资方式、数额和缴付期限；利润分配、亏损分担方式；合伙事务的执行；入伙与退伙；争议解决办法；合伙企业的解散与清算；违约责任。合伙协议经全体合伙人签名、盖章后生效。合伙人按照合伙协议享有权利，履行义务。修改或者补充合伙协议，应当经全体合伙人一致同意；但是，合伙协议另有约定的除外。

（3）有合伙人认缴或者实际缴付的出资。普通合伙人可以用货币、实物、知识产权、土地使用权或者其他财产权利出资，也可以用劳务出资。合伙人以实物、知识产权、土地使用权或者其他财产权利出资，需要评估作价的，可以由全体合伙人协商确定，也可以由全体合伙人委托法定评估机构评估。合伙人以劳务出资的，其评估办法由全体合伙人协商确定，并在合伙协议中载明。

（4）有合伙企业名称和生产经营场所。合伙企业名称中应当标明"普通合伙"或"特殊普通合伙"字样，未在其名称中标明"普通合伙"或"特殊普通合伙"字样的，由企业登记机关责令限期改正，处以二千元以上一万元以下的罚款。

（5）法律、行政法规规定的其他条件。

2. 有限合伙企业的设立条件

有限合伙企业是由普通合伙人和有限合伙人共同设立的合伙企业。按照《合伙企业法》的规定，有限合伙企业由二个以上五十个以下合伙人设立；但是，法律另有规定的除外。有限合伙企业的设立条件与普通合伙企业的不同之处主要体现在以下方面：

（1）合伙人要求不同。有限合伙企业中至少有一个普通合伙人和至少一个有限合伙人。有限合伙企业合伙人上限为五十人，但是，法律另有规定的除外。国有独资公司、国有企业、上市公司以及公益性的事业单位、社会团体不得成为普通合伙人，但法律并未限制其成为有限合伙人。

（2）企业名称不同。有限合伙企业名称中应当标明"有限合伙"字样。

（3）合伙协议的记载事项不同。有限合伙企业合伙协议除了载明普通合伙企业协议相关事项外，还应当载明下列事项：普通合伙人和有限合伙人的姓名或者名称、住所；执行事务合伙人应具备的条件和选择程序；执行事务合伙人权限与违约处理办法；执行事务合伙人的除名条件和更换程序；有限合伙人入伙（退伙）的条件、程序以及相关责任；有限合伙人和普通合伙人相互转变程序。

（4）出资要求不同。有限合伙人可以用货币、实物、知识产权、土地使用权或者其他财产权利作价出资，但不得以劳务出资，普通合伙人可以以劳务出资，这是有限合伙人与普通合伙人在出资方式上的重要区别。有限合伙人应当按照合伙协议的约定按期足额缴纳出资；未按期足额缴纳的，应当承担补缴义务，并对其他合伙人承担违约责任。有限合伙企业登记事项中应当载明有限合伙人的姓名或者名称及认缴的出资数额。

（二）合伙企业的设立程序

第一，申请人向企业登记机关提交相关文件。申请设立合伙企业，应当向企业所在地的登记机关提交全体合伙人签署的设立登记申请书、全体合伙人的身份证明、全体合伙人指定代表或者共同委托代理人的委托书、合伙协议书、全体合伙人对各合伙人认缴或者实际缴付出资的确认书、主要经营场所证明等文件。合伙企业的经营范围中有属于法律、行政法规规定在登记前须经批准的项目的，该项经营业务应当依法经过批准，并在登记时提交批准文件。

第二，企业登记机关核发营业执照。申请人提交的登记申请材料齐全、符合法定形式，企业登记机关能当场登记的，应予当场登记，发给合伙企业营业执照。企业登记机关应当自受理申请之日起二十日内，做出是否登记的决定。对符合规定条件的，予以登记，发给合伙企业营业执照；对不符合规定条件的，不予登记，并应予以书面答复，说明理由。提交虚假文件或者采取其他欺骗手段，取得合伙企业登记的，由企业登记机关责令改正，处以五千元以上五万元以下的罚款；情节严重的，撤销企业登记，并处以五万元以上二十万元以下的罚款。合伙企业的营业执照签发日期，为合伙企业成立日期。未领取营业执照，而以合伙企业或者合伙企业分支机构名义从事合伙业务的，由企业登记机关责令停止，处以五千元以上五万元以下的罚款。

合伙企业设立分支机构，应当向分支机构所在地的企业登记机关申请登记，领取营业执照。合伙企业登记事项发生变更的，执行合伙事务的合伙人应当自做出变更决定或者发生变更事由之日起十五日内，向企业登记机关申请办理变更登记。合伙企业登记事项发生变更时，未依法办理变更登记的，由企业登记机关责令限期登记，逾期不登记的，处以二千元以上二万元以下的罚款。合伙企业登记事项发生变更，执行合伙事务的合伙人未按期申请办理变更登记的，应当赔偿由此给合伙企业、其他合伙人或者善意第三人造成的损失。

三、合伙企业的对外关系分析

（一）合伙企业与善意第三人之间的关系

合伙企业对合伙人执行合伙事务以及对外代表合伙企业权利的限制，不得对抗善意第三人。这里所指的善意第三人，是指与合伙企业有经济联系的第三人不知道合伙企业所做的内部限制，或者不知道合伙企业内部对合伙人行使权利所作限制的事实，本着合法交易的目的，诚实地通过合伙企业的事务执行人，与合伙企业建立民事、商事法律关系的法人、非法人团体或自然人。

（二）合伙企业债务的清偿责任关系

《合伙企业法》规定，合伙企业对其债务，应先以其全部财产进行清偿；合伙企业不能清偿到期债务的，普通合伙人承担无限连带责任，有限合伙人仅以出资额为限对合伙企业债务承担有限责任。对此，应作如下理解。

第一，合伙债务首先应以合伙企业财产进行清偿，合伙企业财产不足以清偿的部分，才以普通合伙人个人财产承担清偿责任。

第二，普通合伙人对合伙财产不足以清偿的债务，负无限清偿责任，而不以出资额为限。

第三，普通合伙人对合伙企业债务承担无限责任时，任何一个普通合伙人均负有清偿全部合伙企业债务的责任，此即连带责任。

换言之，合伙企业的债权人有权向普通合伙人全体或者部分或者任意一名普通合伙人提出偿还全部债务的请求，被请求的普通合伙人即须清偿全部的合伙债务，不得以合伙协议约定的合伙人之间的债务承担份额抗辩，但是清偿债务后，该合伙人有权向其他普通合伙人追偿所清偿的数额超过其应当承担数额的部分。

（三）合伙企业与合伙人的债权人之间的关系

《合伙企业法》还对合伙人个人债务的清偿做了相关规定，主要包括以下方面。

第一，债权人抵销权的禁止。当合伙人发生与合伙企业无关的债务，而该合伙人的债权人同时又负有对合伙企业的债务时，该债权人不得以其债权抵销其对合伙企业的债务，而只能请求该合伙人履行债务。

第二，代位权的禁止。当合伙人发生与合伙企业无关的债务时，该合伙人的债权人不得以其债权人的身份而主张代位行使合伙人在合伙企业的权利。

第三，合伙人的债权人的权利。合伙人的自有财产不足清偿其与合伙企业无关的债务的，该合伙人可以以其从合伙企业中分取的收益用于清偿；债权人也可以依法请求人民法院强制执行该合伙人在合伙企业中的财产份额用于清偿。人民法院强制执行合伙人的财产份额时，应当通知全体合伙人，其他合伙人有优先购买权；其他合伙人未购买，又不同意将该财产份额转让给他人的，则按退伙处理，合伙企业应当为该合伙人办理退伙结算，该合伙人退出合伙。如果强制执行的只是该合伙人的部分财产份额，则应当为该合伙人办理削减其相应财产份额的结算，即该合伙人被人民法院强制执行的部分财产份额由受让人持有，该合伙人持有份额相应减少。

（四）合伙企业与合伙人的继承人之间的关系

普通合伙人死亡或者被依法宣告死亡的，对该合伙人在合伙企业中的财产份额享有合法继承权的继承人，按照合伙协议的约定或者经全体合伙人一致同意，从继承开始之日起，取得该合伙企业的普通合伙人资格。

有这些情形之一的，合伙企业应当向合伙人的继承人退还被继承合伙人的财产份额：继承人不愿意成为合伙人；法律规定或者合伙协议约定合伙人必须具有相关资格，而该继承人未取得该资格；合伙协议约定不能成为合伙人的其他情形。

普通合伙人的继承人为无民事行为能力人或者限制民事行为能力人的，经全体合伙人一致同意，可以依法成为有限合伙人，普通合伙企业依法转为有限合伙企业。全体合伙人未能一致同意的，合伙企业应当将被继承合伙人的财产份额退还该继承人。

作为有限合伙人的自然人死亡、被依法宣告死亡或者作为有限合伙人的法人及其他组织终止时，其继承人或者权利承受人可以依法取得该有限合伙人在有限合伙企业中的资格。

四、合伙企业的解散及其清算

合伙企业的解散，是指合伙企业因某些法律事实的发生而使合伙归于消灭的行为。

（一）合伙企业的解散

合伙企业有这些情形之一的，应当解散：①合伙期限届满，合伙人决定不再经营；②合伙协议约定的解散事由出现；③全体合伙人决定解散；④合伙人已不具备法定人数满三十天；⑤合伙协议约定的合伙目的已经实现或者无法实现；⑥依法被吊销营业执照、责令关闭或者被撤销；⑦法律、行政法规规定的其他原因。

（二）合伙企业的清算

合伙企业解散，应当由清算人进行清算。

1. 清算人

清算人由全体合伙人担任；经全体合伙人过半数同意，可以自合伙企业解散事由出现后十五日内指定一个或者数个合伙人，或者委托第三人，担任清算人。自合伙企业解散事由出现之日起十五日内未确定清算人的，合伙人或者其他利害关系人可以申请人民法院指定清算人。

清算人在清算期间执行这些事务：清理合伙企业财产，分别编制资产负债表和财产清单；处理与清算有关的合伙企业未了结事务；清缴所欠税款；清理债权、债务；处理合伙企业清偿债务后的剩余财产；代表合伙企业参加诉讼或者仲裁活动。

清算人执行清算事务，牟取非法收入或者侵占合伙企业财产的，应当将该收入和侵占的财产退还合伙企业，给合伙企业或者其他合伙人造成损失的，依法承担赔偿责任。清算人违反合伙企业法规定，隐匿、转移合伙企业财产，对资产负债表或者财产清单作虚假记载，或者在未清偿债务前分配财产，损害债权人利益的，依法承担赔偿责任。

2. 清算程序

清算人自被确定之日起十日内将合伙企业解散事项通知债权人，并于六十日内在报纸上公告。债权人应当自接到通知书之日起三十日内，未接到通知书的自公告之日起四十五日内，向清算人申报债权。

债权人申报债权，应当说明债权的有关事项，并提供证明材料。清算人应当对债权进行登记。清算期间，合伙企业存续，但不得开展与清算无关的经营活动。

合伙企业财产在支付清算费用后，应按顺序清偿：合伙企业所欠职工工资和劳动保险费用；合伙企业所欠税款；合伙企业的债务；退还合伙人出资。按顺序清偿后有剩余的，则按合伙协议约定或者法定比例在原合伙人之间分配。如果合伙企业财产不足以清偿其债务的，由原普通合伙人承担无限连带责任。合伙企业注销后，原普通合伙人对合伙企业存续期间的债务仍应承担无限连带责任。合伙企业不能清偿到期债务的，债权人可以依法向人民法院提出破产清算申请，也可以要求普通合伙人清偿。合伙企业依法被宣告破产的，普通合伙人对合伙企业债务仍应承担无限连带责任。

清算结束，清算人应当编制清算报告，经全体合伙人签名、盖章后，在十五日内向企业登记机关报送清算报告，申请办理合伙企业注销登记。清算人未依照本法规定向企业登记机关报送清算报告，或者报送清算报告隐瞒重要事实，或者有重大遗漏的，由企业登记机关责令改正。由此产生的费用和损失，由清算人承担和赔偿。

第三章 经济市场运行法律理论

第一节 劳动法与劳动争议处理

一、劳动法的相关概念

(一) 劳动

劳动在《现代汉语词典》(第7版) 中的含义是:人类创造物质精神财富的活动,专指体力劳动。但是在劳动法中,劳动的含义更为狭隘,其指劳动者基于法定或约定的义务所从事的一种职业性的有偿劳动。下文所说的所有劳动皆系后者,即法律中的劳动。

(二) 劳动法

劳动法是调整劳动法律关系(简称"劳动关系") 以及与劳动关系密切联系的其他社会关系(简称"劳动附随关系") 的法律规范的总称。

劳动法调整的对象包括劳动关系以及劳动附随关系,其中以劳动关系为主。其他社会关系包括因管理社会劳动力、执行社会保险制度、组织工会和职工参与民主管理、监督劳动法规的执行、处理劳动争议等发生的社会关系。这些关系虽然本身不是劳动关系,但与劳动关系有密切联系,因此也是劳动法调整的对象。

目前,我国调整劳动关系的劳动法律体系包括《中华人民共和国劳动法》(以下简称《劳动法》)、《中华人民共和国劳动合同法》(以下简称《劳动合同法》)、《中华人民共和国社会保险法》(以下简称《社会保险法》)、《中华人民共和国劳动争议调解仲裁法》、《关于贯彻执行〈中华人民共和国劳动法〉若干问题的意见》、最高人民法院《关于审理劳动争议案件适用法律若干问题的解释》(一) 至 (四)、《企业职工患病或非因工负伤医疗期规定》等一系列劳动法律法规及部门规章。其中较为重要的一次法规修订为2012 年

12 月 28 日第十一届全国人民代表大会常务委员会第三十次会议通过的《关于修改〈中华人民共和国劳动合同法〉的决定》，修订后的《劳动合同法》自 2013 年 7 月 1 日起施行。

（三）劳动关系

劳动关系是指用人单位招用劳动者为其成员，劳动者在用人单位的管理下提供有报酬的劳动而产生的权利义务关系。

1. 劳动关系的一般特征

（1）主体特定。当事人一方固定为劳动力所有者和支出者，即劳动者；另一方固定为生产资料占有者和劳动力使用者，即用人单位。

（2）两权分离。劳动力所有权以依法能自由支配劳动力并能获得劳动力再生产保障为标志，而使用权则只限于将劳动力与生产资料相结合。

（3）平等性、从属性兼容。在劳动合同订立过程中，劳动者与用人单位都本着诚实信用等原则自愿来磋商、订立、延续、变更、解除劳动合同的，这体现了劳动关系的平等性质。但劳动关系一经建立，劳动者就必须接受用人单位的管理，用人单位与劳动者之间存在指挥、命令与服从的关系。从属性是劳动关系中最本质的特征，是与其他社会关系相区别的重要性质。

2. 劳动关系与劳务关系的区别

现实中，劳动关系和劳务关系特别相似，但从法律上来说两者具有截然不同的性质，因此需要注意区分。劳务关系是指两个或两个以上的平等主体之间就劳务事项订立合同，约定由劳动者向用工者提供一次性的或者是特定的劳动服务，用工者依约向劳动者支付劳务报酬的一种有偿服务的法律关系。两者的具体区别如下。

（1）适用法律不同。劳动关系受《劳动法》和《劳动合同法》调整，而劳务关系则主要适用《劳动合同法》。

（2）主体不同。劳动关系的主体必须一方为用人单位，另一方为劳动者个人；劳务关系的双方当事人可以都是法人、组织、公民。

（3）客体不同。劳动关系的客体是劳动者提供的作为生产要素的劳动力；劳务关系的客体是作为产品的劳务，即运用劳动力等生产要素所生产的产品。

（4）有无从属关系方面不同。在劳动关系中，劳动者作为劳动组织成员而与用人单位有组织上的从属关系；而劳务关系的双方是平等的主体，并没有从属关系。

二、劳动争议的处理

(一) 劳动争议类别划分

劳动争议又称劳动纠纷，是指劳动关系双方当事人因执行劳动法律、法规，或履行劳动合同、集体劳动合同发生的争执。

根据劳动人数的不同，劳动争议可以分为个人争议、集体争议和团体争议。其中个人争议是劳动者个人与其所在单位发生的劳动争议；集体争议是劳动者在三人以上，并有共同理由的劳动争议；团体争议则是工会与用人单位之间因集体合同产生的争议。

根据劳动争议内容的不同，劳动争议可分为权利争议和利益争议。权利争议是指劳动者或用人单位并没有全面、适当地行使《劳动法》、劳动合同或者集体合同中规定的权利时引发的争议；利益争议是在劳动合同未确立的情况下，双方就各自的权利与义务发生的争议。

根据当事人国籍的不同，劳动争议可分为国内劳动争议和涉外劳动争议。国内劳动争议是指我国的用人单位与具有我国国籍的劳动者之间发生的劳动争议；涉外劳动争议是指具有涉外因素的劳动争议，包括我国在国外设立的机构与我国派往该机构工作的人员之间发生的劳动争议、外商投资企业的用人单位与劳动者之间发生的劳动争议。

(二) 劳动争议仲裁与仲裁机构

劳动争议仲裁是指劳动争议仲裁机构对当事人请求解决的劳动争议依法公断的执法行为。这里有两点需注意：①我国的劳动争议处理机制中，劳动争议仲裁是诉讼前的法定必经程序；②劳动争议仲裁机构实际是半官方机构，并不是民间组织。

劳动争议仲裁机构分为劳动争议仲裁委员会、劳动争议仲裁委员会办事机构和劳动争议仲裁庭。其中劳动争议仲裁委员会最重要，它是经国家授权依法独立仲裁处理劳动争议案件的专门机构。它由劳动行政部门代表、工会代表和企业方面代表组成。其组成人员应当是单数，且三方代表人数相等。劳动争议仲裁委员会主任由同级劳动行政机关的负责人担任。

(三) 劳动争议处理程序

用人单位与劳动者发生劳动争议，当事人可以依法申请调解、仲裁、诉讼，也可以协商解决。调解原则适用于仲裁和诉讼程序。因此，劳动争议处理程序可分为协商、调解、仲裁、诉讼。

1. 协商

劳动争议发生后，当事人应协商解决，协商一致后，双方可达成和解协议，但和解协议无必须履行的法律效力，而是由双方当事人自觉履行。协商不是处理劳动争议的必经程序，当事人不愿协商或协商不成的，可以向本单位劳动争议调解委员会申请调解或向劳动争议仲裁委员会申请仲裁。

2. 调解

劳动争议发生后，当事人双方愿意调解的，可以书面或口头形式向劳动争议调解委员会申请调解。劳动争议调解委员会接到调解申请后，可依自愿、合法原则进行调解。劳动争议调解委员会调解劳动争议，应自当事人申请调解之日起三十日内结束；到期未结束的，视为调解不成，当事人可以向当地劳动争议仲裁委员会申请仲裁。经调解达成协议的，制作调解书，双方当事人自觉履行。

调解不是处理劳动争议的必经程序，调解协议也无必须履行的法律效力，当事人不愿调解或调解不成的，可直接向劳动争议仲裁委员会申请仲裁。

3. 仲裁

劳动争议发生后，当事人任何一方都可以直接向劳动争议仲裁委员会申请仲裁。劳动争议申请仲裁的时效期间为一年。仲裁时效期间从当事人知道或者应当知道其权利被侵害之日起计算。仲裁时效因当事人一方向对方主张权利，或者向有关部门请求权利救济，或者对方当事人同意履行义务而中断。从中断时起，仲裁时效期间重新计算。因不可抗力或者有其他正当理由，当事人不能在仲裁时效期间申请仲裁的，仲裁时效中止。从中止时效的原因消除之日起，仲裁时效期间继续计算。劳动关系存续期间因拖欠劳动报酬发生争议的，劳动者申请仲裁不受仲裁时效期间的限制；但是，劳动关系终止的，应当自劳动关系终止之日起一年内提出。

当事人对劳动争议仲裁委员会作出的仲裁裁决不服的，可在收到仲裁裁决书的十五日内向人民法院提起诉讼。逾期不起诉的，仲裁裁决发生法律效力，当事人必须自觉履行，一方当事人不履行的，另一方当事人可向人民法院申请强制执行。职工一方在三十人以上的集体劳动争议适用特别程序。劳动争议仲裁委员会处理职工一方人数在三十人以上的具体劳动争议案件，应当组成特别仲裁庭进行仲裁。特别仲裁庭由三名以上（单数）仲裁员组成。仲裁是处理劳动争议的必经程序。未经仲裁的劳动争议案件，当事人不得向人民法院起诉。

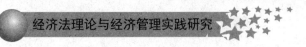

4. 诉讼

劳动争议当事人对仲裁裁决不服的，可以自收到仲裁裁决书之日起十五日内向人民法院提起诉讼。对经过仲裁裁决，当事人向法院起诉的劳动争议案件，人民法院必须受理。人民法院一审审理终结后，对一审判决不服的，当事人可在十五日内向上一级人民法院提起上诉；对一审裁定不服的，当事人可在十日内向上一级人民法院提起上诉；经二审审理所作出的裁决是终审裁决，自送达之日起发生法律效力，当事人必须履行。

第二节 《劳动合同法》及其制度创新

一、《劳动合同法》的适用范围

法律的适用范围，又称法律的生效范围或效力范围，具体包括法律适用的主体范围、空间范围和时间范围，即法律对什么人、什么事、在什么地方和什么时间有约束力。"《劳动合同法》因涉及亿万劳动者切身利益而备受社会关注，它有力地推动着传统劳动关系的和谐稳定。"[①]

（一）主体范围

《劳动合同法》第二条、《劳动合同法实施条例》第三条及第四条规定，主体范围包括：企业、个体经济组织、民办非企业单位、依法成立的会计师事务所、律师事务所等合伙组织和基金会、劳动合同法规定的用人单位设立的分支机构并依法取得营业执照或者登记证书的，国家机关、事业单位、社会团体中非公务员和非参照公务员管理的人员。

（二）空间范围

由于《劳动合同法》是由全国人民代表大会制定的，因此，《劳动合同法》的效力及于中国主权所及的全部领域。《劳动合同法》规定，《劳动合同法》适用的空间范围仅限于中华人民共和国境内，只要在我国领域内建立劳动关系，订立、履行、变更、解除或者终止劳动合同的，原则上都要适用我国《劳动合同法》。但是，中国香港、澳门以及台湾地区不适用《劳动合同法》。

---

①谭泓.《劳动合同法》的争鸣、探索与推动 [J]. 中国劳动关系学院学报，2022，36（1）：41.

（三）时间范围

法律适用的时间范围是指法律规范的有效时间，包括三个方面的内容，即法的生效时间、失效时间和溯及力。《劳动合同法》第九十八条规定，本法自 2008 年 1 月 1 日起实施。因此，《劳动合同法》的生效时间是在公布一段时间后生效的，但是，本法没有规定失效时间。所谓法的溯及力，是指新法生效后，对其生效前的事件和行为是否具有效力的问题，如果具有效力就是有溯及力，反之就是无溯及力。我国立法同世界多数国家的立法一样，坚持法不溯及既往的原则。

二、《劳动合同法》的立法原则

（一）合法原则

合法原则，是指订立劳动合同不得与法律、法规相抵触。这是劳动合同有效的前提和条件。违反法律、法规的劳动合同产生的后果是合同无效或可撤销。

1. 主体合法

所谓主体合法，是指订立劳动合同的双方当事人必须具有建立劳动关系的主体资格，即用人单位和劳动者都应具备劳动权利能力和劳动行为能力，能依法承担履行劳动合同的责任和义务。

（1）用人单位。用人单位是指中华人民共和国境内的企业、个体经济组织、民办非企业单位、国家机关、事业单位、社会团体、居民委员会以及依法成立的会计师事务所、律师事务所等合伙组织和基金会。企业设立的分支机构，依法取得营业执照或者登记证书的，属于本解释所称的用人单位；未依法取得营业执照或者登记证书的，不属于本解释所称的用人单位，但可以受用人单位委托与劳动者订立劳动合同，自然人、家庭和农村承包经营户不属于用人单位。

第一，企业。对企业一方而言，主体资格是指必须具备法人或依法具有独立承担民事责任的资格，能组织生产经营并实际履行合同。企业是从事生产、流通、服务等经济活动，以生产或服务满足社会需要，实行自主经营、独立核算、依法设立的一种营利性的经济组织，包括法人企业和非法人企业，前者如公司企业（有限责任公司和股份有限公司），后者如合伙制企业、个人独资企业等。

第二，个体经济组织。个体经济组织是指一般雇工在七人以下的个体工商户。如果虽以个体工商户注册登记，但没有招用雇工，这样的个体户没有雇工，全靠自己家里人提供

劳动，不属于《劳动合同法》的用工单位。家人相互之间也不构成劳动关系。

第三，民办非企业单位。民办非企业单位是指企业、事业单位、社会团体和其他社会力量以及公民个人利用非国有资产举办的，从事非营利性社会服务活动的组织。其特征在于它的民间性、非营利性、社会性、独立性和实体性，主要分布的行业包括：①教育事业，如民办幼儿园，民办小学、中学、学院、大学，民办专修（进修）学院或学校，民办培训（补习）学校或中心等；②卫生事业，如民办门诊部（所）、医院，民办康复、保健、卫生、疗养院（所）等；③文化事业，如民办艺术表演团体、文化馆（活动中心）、图书馆（室）、博物馆（院）、美术馆、画院、名人纪念馆、收藏馆、艺术研究院（所）等；④科技事业，如民办科学研究院（所、中心），民办科技传播或普及中心、科技服务中心、技术评估所（中心）等；⑤体育事业，如民办体育俱乐部，民办体育场、馆、院、社、学校等；⑥劳动事业，如民办职业培训学校或中心、民办职业介绍所等；⑦民政事业，如民办福利院、敬老院、托老所、老年公寓，民办婚姻介绍所，民办社区服务中心（站）等；⑧社会中介服务业，如民办评估咨询服务中心（所）、民办信息咨询调查中心（所）、民办人才交流中心等；⑨法律服务业；⑩其他。

第四，依法成立的会计师事务所、律师事务所等组织和基金会。依法成立的会计师事务所、律师事务所等组织和基金会，招用助手、工勤人员等，适用《劳动合同法》。

会计师事务所，是指依法独立承担注册会计师业务的中介服务机构。

律师事务所，是指中华人民共和国律师执行职务进行业务活动的工作机构，在组织上受司法行政机关和律师协会的监督和管理。目前有合伙制律师事务所、合作制律师事务所，也有律师个人开办的事务所，他们从事的法律服务内容没有什么区别，都是在规定的专业活动范围内，接受中外当事人的委托，提供各种法律服务。

基金会，是指利用自然人、法人或者其他组织捐赠的财产，以从事公益事业为目的的非营利性法人。

第五，用人单位的分支机构。随着经济社会的发展，越来越多的用人单位规模化、集体化发展趋势明显，为了继续扩展其业务，扩大其产品销售范围，这些用人单位常常在不同的城市或同一城市的不同地区开设分支机构。分支机构是整体企业的一个组成部分，它在经营业务、经营方针等各方面都要受到公司总部不同程度的控制；分支机构不是独立的法律主体，但通常是一个独立的会计个体；分支机构与总部在地理位置上通常相隔一定的距离。

如果用人单位设立的分支机构根据《劳动合同法实施条例》有用人资格，或者有用人单位的授权，就可以和劳动者签订劳动合同；如果用人单位没有用人资格，或者有用人权的用人单位没有授权分支机构直接用人，分支机构可以通过劳务派遣等方式来使用劳动者。其中，"劳务派遣是在市场竞争和就业形式多样化的背景下产生的一种劳动力配置形式。由于现今劳动力配置形式不规范、用工方式弹性灵活，使劳务派遣在社会发展过程中瑕瑜互见"①。

第六，特别主体。

非法用工单位：《非法用工单位伤亡人员一次性赔偿办法》第二条规定，非法用工单位，是指无营业执照或者未经依法登记、备案的单位以及被依法吊销营业执照或者撤销登记、备案的单位。《劳动合同法》第九十三条规定，对不具备合法经营资格的用人单位的违法犯罪行为，依法追究法律责任；劳动者已经付出劳动的，该单位或者其出资人应当依照本法有关规定向劳动者支付劳动报酬、经济补偿、赔偿金；给劳动者造成损害的，应当承担赔偿责任。

非法用工单位因为违反法律规定没有办理获得合法主体资格的手续，但已经具备了"用人单位"的其他形式要件。因此，可以将其认定为劳动中的"用人单位"，只是该"用人单位"是非法的（至于其自身的违法问题，应当由工商部门予以纠正）。

个人承包：《劳动合同法》对此并没有明确规定。如果单纯从用人单位这一称谓来看，用人单位既然是单位，那么肯定不能为自然人。但是，《劳动合同法》关于非全日制用工的形式中又规定了"个人承包经营招用劳动者违反本法规定，给劳动者造成损害的，发包的个人或者组织与个人承包经营者承担连带赔偿责任"。即违法招用劳动者，给劳动者造成损害的，发包的组织与个人承包经营者承担连带赔偿责任（无论发包人是否有违法行为）。

第七，国家机关。国家机关是指从事国家管理和行使国家权力的机关，包括国家元首、权力机关、行政机关和司法机关。《劳动合同法》的国家机关包括国家权力机关、国家行政机关、司法机关、国家军事机关等，其录用公务员和聘任制公务员，适用《中华人民共和国公务员法》（以下简称《公务员法》）；其招用工勤人员，需要签订劳动合同，适用《劳动合同法》。

第八，事业单位。事业单位，是指国家为了社会公益目的，由国家机关举办或者其他组织利用国有资产举办的，从事教育、科技、文化、卫生等活动的社会服务组织。事业单位中用人关系的法律适用明确分为四类：①纳入国家人事行政编制、由国家财政负担工资福利的工作人员，属于依照或参照公务员管理的人事关系，适用《公务员法》或相关人事

---

①马青娜. 劳动合同法视野下的劳务派遣分析［J］. 法制与社会，2021（10）：185.

管理制度；②实行企业化管理的事业单位中的用人关系，纳入劳动关系的范畴，适用《劳动合同法》；③实行聘用制的工作人员，按照《劳动合同法》第九十六条，他们与所在单位订立、履行、变更、解除或者终止劳动合同，法律、行政法规或者国务院另有规定的，依照其规定，未作规定的，适用《劳动合同法》；④工勤人员的劳动关系，适用《劳动合同法》。

第九，社会团体。社会团体是指中国公民自愿组成的，为实现会员共同意愿，按照其章程开展活动的非营利性社会组织，包括行业性社团、学术性社团、专业性社团和联合性社团。其中，全国总工会、共青团、全国妇联、中国文联、中国科协、全国侨联、中国作协、中国法学会、对外友协、贸促会、中国残联、宋庆龄基金会、中国记协、全国台联、黄埔军校同学会、外交学会、中国红十字总会、中国职工思想政治工作研究会、欧美同学会等社会团体，其主要任务、机构编制和领导职数由中央机构编制管理部门直接确定。他们虽然是非政府性的组织，但在很大程度上行使着部分政府职能，被列入参照《公务员法》管理的人民团体和社会团体，但工勤人员除外。其他的多数社会团体，如果作为用人单位与劳动者订立劳动合同的，按照《劳动合同法》进行调整。

（2）劳动者。对劳动者而言，其主体资格是指必须具备法定的劳动年龄，具有劳动权利能力和劳动行为能力，符合国家招工政策等。

劳动者，字面意思为"劳动的人"，是对从事劳作活动一类人的统称。劳动者是一个含义非常广泛的概念，凡是具有劳动能力、以从事劳动获取合法收入作为生活资料来源的公民都可称为劳动者。从法律角度而言，劳动者是指达到法定年龄，具有劳动能力，以从事某种社会劳动获得收入为主要生活来源，依据法律或合同的规定，在用人单位的管理下从事劳动并获取劳动报酬的自然人。

第一，劳动者的年龄条件。劳动者的年龄条件，指劳动者订立劳动合同必须达到合法的劳动年龄。劳动者的年龄条件实质上和我国民法上的民事行为能力人的概念具有必然的联系。

《民法典》规定，十八周岁以上的自然人为成年人。具有完全民事行为能力，可以独立进行民事活动，是完全的民事行为能力人。换言之，一般意义上的劳动者应该是成年人，即年龄必须达到十八周岁。

《民法典》规定，成年人为完全民事行为能力人，可以独立实施民事法律行为。十六周岁以上的未成年人，以自己的劳动收入为主要生活来源的，视为完全民事行为能力人。然而，《劳动法》第六十四条规定，不得安排未成年工从事矿山井下、有毒有害、国家规定的第四级体力劳动强度的劳动和其他禁忌从事的劳动。第五十八条第二款规定，未成年工是指年满十六周岁未满十八周岁的劳动者。换言之，已满十六周岁不满十八周岁的未成年人，在劳动合同约定的权利义务关系不违背有关法律、法规的前提下，也可以成为劳动者，但没有被允许从事大众化的劳动。

原则上未满十六周岁的自然人不能成为《劳动合同法》上的劳动者。这主要是从保护未成年人的角度出发的，未成年人的身体条件还不适合从事一般的劳动。但是也有例外情况。《劳动法》第十五条第二款规定，文艺、体育和特种工艺单位招用未满十六周岁的未成年人，必须依照国家有关规定，履行审批手续，并保障其接受义务教育的权利。也就是说，对此种情况，则可以例外地允许其成为劳动者，但是应该满足国家的特别法律规定。

第二，劳动能力条件。劳动能力是指劳动者凭借自己的智力或体力完成某项工作的能力。只有具备劳动能力的人才能成为劳动者。我国一般从年龄、健康、智力、自由、就业愿望这五个方面的因素来确认劳动者的一般资格。

第三，劳动者的范围。劳动者的适用范围，包括四个方面：①与中华人民共和国境内的企业、个体经济组织、民办非企业单位等组织（以下称用人单位）建立劳动关系的劳动者；②国家机关、事业组织、社会团体的工勤人员；③实行企业化管理的事业组织的非工勤人员、工勤人员；④其他通过劳动合同（包括聘用合同）与国家机关、事业单位、社会团体建立劳动关系的劳动者。任何一方如果不具备订立劳动合同的主体资格，所订立的劳动合同就属于违法，比如使用童工。

2. 目的合法

目的合法，是指当事人双方订立劳动合同的宗旨和实现法律后果的意图不得违反法律、法规的规定。劳动者订立劳动合同的目的是实现就业，从事社会工作，获得劳动报酬，以维持生活和满足生存需要；用人单位订立劳动合同的目的是使用劳动力来组织社会生产劳动，发展经济，创造效益。

目的合法往往是双方当事人内心的行为动机，一般不易表现出来。因此，当事人订立劳动合同时不得心存邪念，不得以订立劳动合同的合法形式掩盖其含有不法意图的内容，达到非法目的。例如，某企业招聘了一名有海外关系的劳动者，与其订立了劳动合同，目的就是利用其身份走私贩私；再如，某运输公司招聘了一名司机，目的就是运输毒品；其他的诸如以非法制造枪支、生产危险物品等为目的而订立的劳动合同。虽然双方当事人都实现了自己的合同目的，劳动者获得了报酬，用人单位也创造了经济效益，但其订立劳动合同的目的都不合法。

3. 内容合法

内容合法，是指双方当事人在劳动合同中确定的具体的权利与义务的条款必须符合法律法规和政策的规定。劳动合同的内容涉及工作内容、工资分配、社会保险、职业培训、工作时间和休息休假以及劳动安全卫生等多方面，劳动合同在约定这些内容时，不能违背法律、法规和政策的规定。例如，员工工资的约定不得低于当地政府规定的最低工资标准，员工每日标准工作时间不得超过八小时，等等。任何侵害法律、法规赋予用人单位和劳动者的基本权利的内容，即使是当事人双方协商一致的，也应视为无效合同或无效条款。

4. 程序和形式合法

程序合法，是指劳动合同的订立必须按照法律、行政法规所规定的步骤和方式进行，一般要经过要约和承诺两个步骤，具体方式是先起草劳动合同书草案，然后由双方当事人平等协商，协商一致后签约。

形式合法，是指劳动合同必须以法律、法规规定的形式签订。民事合同的法律形式有口头形式、书面形式和其他形式。而《劳动合同法》第十条明确规定了订立劳动合同必须是书面形式而不允许是口头形式，非全日制用工除外。《劳动合同法》第八十二条还规定了不订立书面合同的法律责任，即用人单位自用工之日起超过一个月不满一年未与劳动者订立书面劳动合同的，应当向劳动者每月支付二倍的工资。对劳动者造成损害的，还要承担赔偿责任。

（二）公平原则

公平原则，指在劳动合同订立过程及劳动合同内容的确定上应体现公平。公平原则强调了劳动合同当事人在订立劳动合同时，对劳动合同内容的约定，双方承担的权利义务中不能要求一方承担不公平的义务。如果双方订立的劳动合同内容显失公平，那么该劳动合同中显失公平的条款无效。例如，因重大误解导致的权利义务不对等，对同岗位的职工提出不一样的工作要求，对劳动者的一些个人行为作出限制性规定，等等。因此，《劳动合同法》规定，用人单位免除自己的法定责任、排除劳动者权利的劳动合同无效。

（三）平等自愿原则

1. 平等原则

平等原则是劳动合同法的基础，也是《劳动合同法》的主旨。这里的平等，是指劳动关系双方当事人法律地位上的平等。其含义主要如下。

（1）劳动者只要具备劳动法规定的劳动权利能力和劳动行为能力，就享有与他人一样平等的就业机会。

（2）劳动者不应因民族、种族、性别、宗教信仰不同而受到歧视和非法辞退，并不得降低劳动报酬以及其他福利待遇。

（3）平等性原则，不仅表现在缔约阶段的双方当事人地位平等，还表现在劳动合同的变更和解除阶段双方的法律地位也是平等的。在合同的履行过程中，尽管用人单位对劳动力有管理权和支配权，但劳动者的人格权不受非法侵犯。用人单位不得使用暴力、威胁或强制方法强迫劳动者劳动，不得非法侵犯其姓名权、名誉权、肖像权、隐私权等，不得以不安全的生产条件和超过法定标准的职业性危害因素场所对劳动者健康和生命权构成侵害。

（4）平等性原则，并不排斥公权力意志的强力干预。劳动关系双方实力差距的悬殊性和劳动关系的社会化特征，为公权力的干预提供了基础。

2. 自愿原则

自愿，是指订立劳动合同必须出自双方当事人的真实意愿，是在充分表达各自意见的基础上，经过平等协商而达成的协议。任何一方都可以拒绝与对方签订劳动合同，同时任何一方都不得强迫对方与自己签订劳动合同，不得将自己提出的条款强加给另一方，不得乘人之危订立劳动合同。采取暴力、威胁、欺诈等手段或乘人之危订立的劳动合同无效。

（四）协商一致原则

协商一致是指在劳动合同的订立过程中，双方当事人对合同条款的制定和接受的过程应当符合当事人自己的意愿，确保合同条款是当事人真实的意思表示。真实的意思表示，是指行为人表现于外部的意志与其内心的真实意志一致，即行为人表示要追求的某种结果是其内心真正希望出现的结果。凡是违背当事人真实意愿的行为即构成意思表示不真实。这类行为可由虚假表示、误解、欺诈、胁迫、乘人之危等原因引起。

协商一致是平等自愿原则的体现和深化，只有通过协商达到一致，才能得到基于平等自愿基础之上的结果。协商一致原则的关键在一致，协商是手段、过程，一致是目的。如果订立劳动合同时，当事人虽然经过了协商，但仍存在分歧，未能达成一致的意思表示，劳动合同不能成立。协商一致原则是维护劳动关系双方合法权益的基础。劳动合同订立时，合同的全部内容都必须在协商一致以后签字。当劳动合同条款的表述出现歧义时，法律规定按照有利于劳动者的解释处理。

（五）诚实信用原则

诚实和信用原则是生活中众多道德标准中的两种，法律将其从道德标准上升为法律标准，但因其难以具体化、条文化，所以将其定为基本原则规定在法律中，并从签订劳动合同的行为中进行考察。

诚实信用原则要求当事人订立劳动合同的行为必须诚实，双方为订立劳动合同提供的信息必须真实。双方当事人在订立与履行劳动合同时，必须以自己的实际行动体现诚实信用，互相如实陈述有关情况，并忠实履行签订的协议。当事人一方不得强制或者欺骗对方，也不能采取其他诱导方式使对方违背自己的真实意思而接受对方的条件。以欺诈手段签订的劳动合同，受损害的一方有权解除劳动合同。《劳动合同法》明确了以欺诈手段签订的劳动合同无效或者部分无效的同时，对当事人存在欺诈情形的，允许另一方当事人解除劳动合同。

三、《劳动合同法》的制度创新

《劳动合同法》的制度体系源于 1995 年施行的《劳动法》，但前者并不是单纯地对后者的内容进行简单扩充，而是进行了较好的制度创新。劳动关系是劳资双方在工作场所形成的用工关系，《劳动合同法》对劳动关系的规范，核心就是对企业用工行为进行规范。首先，《劳动合同法》构建了工作场所完整的用工类型体系，明确了该法的边界；其次，《劳动合同法》在设定企业不可触碰的红线的同时，也为企业指出了劳动关系管理的突破口；最后，《劳动合同法》使劳动合同管理成为中国特色劳动关系治理体系的关键角色。

（一）构建完整的用工类型体系

针对企业的多样性和用工需求的弹性，《劳动合同法》系统地梳理了用工管理流程，将具备法定劳动关系特征的用工类型（标准用工和非标准用工）纳入《劳动合同法》的调整范围，将不具备法定劳动关系特征的用工类型（劳务用工）让渡给民事法律调整，从而构建出完整的用工类型体系。

1. 标准用工

标准用工是指企业通过直接雇用的方式实现全日制用工，并且签订书面劳动合同，这是企业用工最基本的形式。调整劳动关系的法律规范，通常以标准用工为模板，设计出劳动关系管理的通用规则，其他用工方式的规范都是参照标准用工进行的。《劳动合同法》第十二条设计了标准用工劳动合同的三种期限：固定期限，无固定期限和以完成一定工作任务为期限。劳动者和企业可以协商选择某一种期限，但当劳动者具备法定的条件并有签订无固定期限劳动合同的意愿时，企业应当与劳动者签订无固定期限劳动合同。

2. 非标准用工

非标准用工是指企业不能满足直接雇用条件或者不能满足全日制雇用条件的用工类型，主要包括直雇非全日制用工、劳务派遣和其他分离型用工。

直雇非全日制用工，与标准用工一样均由企业直接雇用，他们的区别在于工作时间不同。《劳动合同法》设专节规定了非全日制用工，将非全日制用工的最长工作时间限定为每天四小时和每周二十四小时，以此来划分与全日制用工的界限。同时，非全日制用工可以不签订书面劳动合同，工资结算周期不超过十五日，任何一方都可以随时终止劳动合同且无须向对方支付经济补偿，企业只需为非全日制劳动者缴纳数额很少的工伤保险费。直雇非全日制用工满足了企业灵活的用工需求，非全日制劳动者也可以选择同时为一个或多个雇主服务，实现灵活就业。

劳务派遣，实现了雇用与使用的分离，《劳动合同法》设专节规定了劳务派遣。劳动者的法定雇主只承担招聘录用、订立劳动合同等事项，并不直接用工；实际用工的企业仅对劳动者进行工作场所的用工管理，但并不是劳动者的法定雇主。2012 年《劳动合同法》进行修正，大大提高了经营劳务派遣业务公司的条件，限制用工企业只能在临时性、替代性、辅助性的岗位上使用劳务派遣人员，用工规模受到限制，强调劳务派遣用工与标准用工的同工同酬，劳务派遣开始走向良性发展。

其他分离型用工，包括企业向投资企业外派劳动者、关联企业之间借用劳动者、组织安排挂职锻炼等情形。

3. 劳务用工

劳务用工作为工作场所中用工类型的组成部分，能满足企业因产品市场波动而产生的灵活用工需求，但并非法定的劳动关系类型，因此《劳动合同法》并不对其加以规范，而是将其让渡给民事法律调整。劳务用工主要包括劳务型直接聘用、业务外包、不合格人员从事劳动等类型。

劳务型直接聘用，是指企业在劳动法的框架之外，以建立劳务关系的方式实现用工。劳务型聘用关系并不具有劳动关系的隶属性特征，其用工主体与劳动关系也不完全一致，除企业组织外，自然人也可以成为用工主体。

业务外包，是指企业将部分业务发包给承包人，承包人组织人员完成生产任务。企业作为发包人，只负责生产成果的验收，不干预承包人组织生产的过程，当然也不与承包人雇用的劳动者建立劳动关系。虽然发包组织与承包人雇用的劳动者之间并不是劳动关系，但《劳动合同法》仍规定，个人承包经营违反本法规定招用劳动者，给劳动者造成损害的，发包的组织与个人承包经营者承担连带赔偿责任。本条规定的目的在于增加对劳动者权益的保障，避免个人承包商支付能力不足而导致劳动者权益受损。

不合格人员从事劳动，是指某些人员受特定身份的约束，无法与企业建立劳动关系，但他们仍具有劳动能力，仍可以提供劳动并为企业所用。例如退休人员被企业返聘，在校生勤工俭学和实习等。

（二）指出劳动关系管理的突破口

工作场所劳动关系管理是构建和谐劳动关系的前沿阵地。在劳动关系多元论的视角下，管理者和工会是两个主要的子群，因此，管理的角色更多地倾向于劝说和协调，较少地倾向于强制和控制。《劳动合同法》第四条纲领性地规定了企业通过民主程序制定和实施劳动规章制度以及劳动者通过民主程序参与决策、影响决策，这是工作场所劳动关系管理的突破口。

1. 企业通过民主程序制定和实施劳动规章制度

虽然企业与每个劳动者分别签订了劳动合同，但是劳动合同并不能完全取代劳动规章制度。劳动规章制度是企业正常运行的保证和劳动者行动的指南，也是企业实施奖惩的重要依据和劳资双方维权的利器。同时，劳动规章制度具有鲜明的企业特色，是企业文化的载体，成为协调劳动关系的重要手段。因此，企业不应只是被动地适应法律法规的变迁，而应当充分利用劳动规章制度，有效地实施工作场所的劳动关系管理。《劳动合同法》第四条明确指出，涉及劳动者切身利益的规章制度，并不是由企业单方直接制定，而是应由企业与劳动者双方平等协商确定，并且在制定过程中应与全体劳动者或职工代表大会协商。

在劳动规章制度的实施过程中，企业应充分保障劳动者的知情权，工会有权提出意见，针对企业劳动规章制度违法的情形，政府部门还可以进行干预。这些规定可以约束企业的恣意行为，使劳动规章制度成为劳资双方利益妥协和利益平衡的结果，体现效率与公平的实现过程。

2. 劳动者通过民主程序参与决策、影响决策

企业在决定和实施重大事项时，也应当通过民主程序，保证劳动者的知情权、参与权等民主权利。劳动者不再仅仅是企业决策的被动接受者，而是可以参与决策、影响决策。从本质上说，企业让劳动者参与决策是一种"人本管理"，使劳动者最大限度地发挥组织成员的作用，可以增加企业决策的科学性，更好地实现企业的目标。《劳动合同法》第四

条强调企业在决定和实施重大事项时，要让劳动者充分参与决策、影响决策，从而有利于企业的长远发展。

（三）打造中国特色劳动关系治理体系

国家层面的劳动关系治理，受国家政治制度、经济状况、文化传统等的影响，具有鲜明的国别特色。从《劳动合同法》的颁布和实施可以看出，中国政府对劳动关系的治理，是从劳动合同管理入手的，将劳动关系的建立、运行、监督、调处的全过程纳入法治化轨道，发挥法治在构建和谐劳动关系中的引领和规范作用。

1. 劳动合同广覆盖

虽然《劳动法》早就确定了建立劳动关系应当订立书面劳动合同的要求，然而实施状况并非特别理想。书面劳动合同的缺失，造成劳动争议发生时举证困难，往往使劳动者的基本劳动权益受损。为了破解这一难题，《劳动合同法》把实现劳动合同广覆盖当作重要任务，以前所未有的力度强调签订书面劳动合同，对不签订劳动合同的企业进行严厉处罚，却又将处罚利益巧妙地让渡给劳动者，从劳资两方面督促书面劳动合同的订立。同时，针对非全日制用工灵活性的特点，《劳动合同法》也允许企业非全日制用工订立口头劳动合同，以满足企业灵活用工的需求。通过实现劳动合同的广覆盖，从而实现劳动用工更加规范，劳动条件不断改善，劳动者的安全健康得到切实保障。

2. 系统治理劳动关系

《劳动合同法》坚持把企业和劳动者双方依法在劳动力市场上双向选择作为建立劳动关系的基本方式，把双方平等自愿、协商一致作为明确权利义务、协调利益矛盾的基本方式，在尊重当事人双方意思自治的基础上，政府作为监督者，对劳资双方的行为进行指引和规范，随时纠正违法行为，并为受损害方提供救济。例如：企业和劳动者协商一致可以订立劳动合同，在法定最低工资标准上约定劳动报酬条款；如果企业未按时足额支付劳动者劳动报酬，劳动者可以单方提出解除劳动合同并要求企业支付经济补偿，劳动行政部门除了责令企业支付劳动报酬外，还可以责令企业加付赔偿金。《劳动合同法》对劳动关系的治理是系统性的，强调企业依法用工、劳动者依法维权、政府依法行政。

《劳动合同法》界定了劳动关系建立的法定标准，梳理了劳动合同的订立、履行和变更、解除和终止的程序，明确了当事人的违约责任和违法责任，既是企业用工管理的操作指南，也是劳动者的维权指南，同时还是政府依法行政的客观标尺。

3. 综合治理劳动关系

《劳动合同法》设立"特别规定"专章，将集体合同的内容纳入其中。严格来说，集体合同制度与劳动合同制度分属于两种不同类别，前者并非后者的组成部分，《劳动法》将劳动合同与集体合同列入同一章，在标题中也将二者并列出现。《劳动合同法》将集体合同内容写入，其内容虽不如《集体合同规定》（2004 年 1 月 20 日，劳动保障部令 22 号）那么详尽，但也涵盖了集体合同制度的核心内容，此举的目的和意义在于强调集体合同制度在规范劳动关系中的作用是不可忽视的，倡导企业根据自身发展状况和法律要求，重点围绕薪酬、工时、休假等劳动者基本权益事项开展集体协商，签订集体合同，建立企业与劳动者共享利益的机制，从更广阔的范围看，把行业性、区域性集体协商作为更重要的发展方向，以增强标杆企业的示范辐射作用，带动行业和地区的整体发展。

我国现阶段，法律强制是调整劳动关系的基本手段，但不应当作为唯一手段孤立地发挥作用，还应当积极培育其他力量，使劳动关系调整模式多元化。积极倡导企业、地区和行业通过集体协商签订集体合同，是协调劳动关系的重要形式，可以有效地维护劳动者的切身利益，并保障企业的持续健康发展，从而也实现劳动关系的综合治理。

第三节　《商标法》与专用权的保护

一、商标与注册商标

商标就是通常所说的"牌子"，是商品的标记。它是使一个特定企业的商品或服务得以同其他企业的商品或服务区别的标志，是用于商品或服务上的一种特定的标记，消费者凭之可以标识或者确认该商品的生产者或服务的提供者。因此，商标的本质作用是区别商品的来源，区别性是商标的一项基本功能或称本质特征。

经商标局核准注册的商标为注册商标，包括商品商标、服务商标和集体商标、证明商标。

集体商标，是指以团体、协会或者其他组织名义注册，供该组织成员在商事活动中使用，以表明使用者在该组织中的成员资格的标志。

证明商标，是指由对某种商品或者服务具有监督能力的组织所控制，而由该组织以外的单位或者个人使用其商品或者服务，用以证明该商品或者服务的原产地、原料、制造方法、质量或者其他特定品质的标志。

商标注册人享有商标专用权，受法律保护。使用注册商标，可以在商品、商品包装、说明书或者其他附着物上标明"注册商标"或者注册标记。使用注册标记，应当标注在商标的右上角或者右下角。

二、注册商标的申请

（一）商标管理的机关

《中华人民共和国商标法》（以下简称《商标法》）第二条规定，国务院工商行政管理部门商标局主管全国商标注册和管理的工作。国务院工商行政管理部门设立商标评审委员会，负责处理商标争议事宜。

（二）商标注册的原则

第一，申请在先原则。申请在先原则是指两个或者两个以上的商标注册申请人，在同一种商品或者类似商品上，以相同或者近似的商标申请注册的，初步审定并公告申请在先的商标；同一天申请的，初步审定并公告使用在先的商标，驳回其他人的申请，不予公告。如果两个或两个以上申请人都没有使用该商标，或者都是从同一天开始使用该商标，由双方协商解决；如果协商不成，就以抽签方式确定申请人获得注册的资格，驳回其他人的申请。

第二，自愿注册原则。商标使用者可以自己决定是否对使用的商标申请注册，注册商标和未注册商标都可以使用，但只有注册商标享有商标专用权。

（三）商标注册的条件

1. 申请人的资格

自然人、法人或者其他组织在生产经营活动中，对其商品或者服务需要取得商标专用权的，应当向商标局申请商标注册。

2. 商标须具备的条件

（1）商标必须具备法定的构成要素。任何能将自然人、法人或者其他组织的商品与他人的商品区别开的标志，包括文字、图形、字母、数字、三维标志、颜色组合和声音等，以及上述要素的组合，均可以作为商标申请注册。

（2）商标必须具备显著特征。商标的显著性特征可以通过两种途径获得：一是标志本身固有的显著特征，如立意新颖、设计独特；二是通过使用获得显著特征。

（3）商标必须不是禁止使用或者禁止注册的标志。下列标志不得作为商标使用：

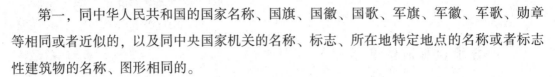
第一，同中华人民共和国的国家名称、国旗、国徽、国歌、军旗、军徽、军歌、勋章等相同或者近似的，以及同中央国家机关的名称、标志、所在地特定地点的名称或者标志性建筑物的名称、图形相同的。

第二，同外国的国家名称、国旗、国徽、军旗等相同或者近似的，但经该国政府同意的除外。

第三，同政府间国际组织的名称、旗帜、徽记等相同或者近似的，但经该组织同意或者不易误导公众的除外。

第四，与表明实施控制、予以保证的官方标志、检验印记相同或者近似的，但经授权的除外。

第五，同"红十字""红新月"的名称、标志相同或者近似的。

第六，带有民族歧视性的。

第七，带有欺骗性，容易使公众对商品的质量等特点或者产地产生误认的。

第八，有害于社会主义道德风尚或者有其他不良影响的。

第九，县级以上行政区划的地名或者公众知晓的外国地名，不得作为商标。但是，地名具有其他含义或者作为集体商标、证明商标组成部分的除外；已经注册的使用地名的商标继续有效。

三、注册商标的续展

《商标法》规定，注册商标的有效期为十年，自核准注册之日起计算。期满后，一般就不再享有专用权，从而也得不到法律的保护，就如同未注册商标一样。

在注册商标有效期满时，若要继续使该注册商标受到法律的保护，则须经过一定的法定程序来延长商标专用权的有效期限，此即注册商标的续展。

注册商标有效期满，需要继续使用的，商标注册人应当在期满前十二个月内按照规定办理续展手续；在此期间未能办理的，可以给予六个月的宽展期。每次续展注册的有效期为十年，自该商标上一届有效期满次日起计算。期满未办理续展手续的，注销其注册商标。

四、注册商标的转让

注册商标的转让是指注册商标专用权人根据自己的意愿，按照一定的条件和规定的程序，将其注册商标转移给他人，由他人享有其商标专用权的法律行为。注册商标的转让是商标专用权人行使其商标权的一种形式。

转让注册商标的，转让人和受让人应当签订转让协议，并共同向商标局提出申请。受让人应当保证使用该注册商标的商品质量。

转让注册商标的，商标注册人对其在同一种商品上注册的近似的商标，或者在类似商品上注册的相同或者近似的商标，应当一并转让。

对容易导致混淆或者有其他不良影响的转让，商标局不予核准，书面通知申请人并说明理由。

转让注册商标经核准后，予以公告。受让人自公告之日起享有商标专用权。

五、注册商标的使用许可

注册商标的使用许可是指注册商标专用权人通过签订使用许可合同，在一定期限内，依据一定的条件许可他人使用其注册商标的法律行为。

商标注册人可以通过签订商标使用许可合同，许可他人使用其注册商标。许可人应当监督被许可人使用其注册商标的商品质量。被许可人应当保证使用该注册商标的商品质量。经许可使用他人注册商标的，必须在使用该注册商标的商品上标明被许可人的名称和商品产地。许可他人使用其注册商标的，许可人应当将其商标使用许可报商标局备案，由商标局公告。商标使用许可未经备案不得对抗善意第三人。

六、注册商标专用权的保护

（一）注册商标专用权的界定

注册商标专用权是指注册商标专用权人对其注册商标享有的独占使用权，未经其许可，任何人都不得在同一种商品或者类似商品上使用与其注册商标相同或者近似的商标。注册商标的专用权，以核准注册的商标和核定使用的商品为限。

但注册商标中含有的本商品的通用名称、图形、型号，或者直接表示商品的质量、主要原料、功能、用途、重量、数量及其他特点，或者含有的地名，注册商标专用权人无权禁止他人正当使用。

（二）侵犯注册商标专用权的行为及处理

1. 侵犯注册商标专用权的行为

有下列行为之一的，均属于侵犯注册商标专用权。

（1）未经商标注册人的许可，在同一种商品上使用与其注册商标相同的商标的。

（2）未经商标注册人的许可，在同一种商品上使用与其注册商标近似的商标，或者在类似商品上使用与其注册商标相同或者近似的商标，容易导致混淆的。

（3）销售侵犯注册商标专用权的商品的。

（4）伪造、擅自制造他人注册商标标识或者销售伪造、擅自制造的注册商标标识的。

（5）未经商标注册人同意，更换其注册商标并将该更换商标的商品又投入市场的。

（6）故意为侵犯他人商标专用权行为提供便利条件，帮助他人实施侵犯商标专用权行为的。

（7）给他人的注册商标专用权造成其他损害的。

2. 侵犯注册商标专用权的行为处理

侵犯注册商标专用权行为引起纠纷的，可以由当事人协商解决；不愿协商或者协商不成的，商标注册人或者利害关系人可以向人民法院起诉，也可以请求工商行政管理部门处理。

对侵犯注册商标专用权的行为，工商行政管理部门有权依法查处；涉嫌犯罪的，应当及时移送司法机关依法处理。

从处理措施上看，对侵犯注册商标权的行为，可以追究侵权人的民事责任、行政责任、刑事责任。

侵犯商标专用权的赔偿数额，为侵权人在侵权期间因侵权所获得的利益，或被侵权人在被侵权期间因被侵权所受到的损失，包括被侵权人为制止侵权行为所支付的合理开支。侵权人因侵权所得利益，或者被侵权人因被侵权所受损失难以确定的，由人民法院根据侵权行为的情节判决给予赔偿。

销售不知道是侵犯注册商标专用权的商品，能证明该商品是自己合法取得的并说明提供者的，不承担赔偿责任。

对侵犯注册商标专用权的行为，工商行政管理部门有权依法查处。工商行政管理部门处理时，认定侵权行为成立的，责令立即停止侵权行为，没收、销毁侵权商品和专门用于制造侵权商品、伪造注册商标标识的工具，并处以罚款。侵犯商标专用权的行为情节严重构成犯罪的，除赔偿被侵权人的损失外，还将依法追究刑事责任。

第四节 《专利法》与专利权的保护

一、专利法

专利法是指调整因发明创造的开发、实施及其保护等发生的各种社会关系的法律规范的总称。专利法有广义和狭义之分：狭义的专利法仅指全国人大常委会通过的《中华人民共和国专利法》（以下简称《专利法》）；广义的专利法除《专利法》外，还包括国家有关法律、行政法规和规章中关于专利的法律规范。我国参加缔结的有关专利国际保护方面的条约、协定，经批准公布的，也属于广义的专利法的范畴。

二、专利权及保护

（一）专利权的取得

1. 专利申请原则

（1）书面原则。专利申请人及其代理人在办理各种手续时，须采用书面形式。

（2）申请在先原则。在两个以上的申请人分别就同样的发明创造申请专利时，专利权授予先申请人。先申请的判断标准是专利申请日。如果两个以上申请人在同一日分别就同样的发明创造申请专利的，应当在收到专利行政管理部门的通知后自行协商确定申请人。

（3）单一性原则。一份专利申请文件只能就一项发明创造提出专利申请，即"一申请一发明"原则。专利申请应当符合专利法有关单一性的规定。就发明或者实用新型的专利申请而言，一件发明或者实用新型专利申请应当限于一项发明或者实用新型。属于一个总的发明构思的两项以上的发明或者实用新型，可以作为一件申请提出。

（4）优先权原则。优先权原则是指将专利申请人首次提出专利申请的日期，视为后来一定期限内专利申请人就相同主题在他国或本国提出专利申请的日期。专利申请人依法享有的这种权利称为优先权，享有优先权的首次申请日称为优先权日。

优先权包括外国优先权和本国优先权。外国优先权，是指申请人自发明或者实用新型在外国第一次提出专利申请之日起十二个月内，或者自外观设计在外国第一次提出专利申请之日起六个月内，又在中国就相同主题提出专利申请的，依照该外国同中国签订的协议或者共同参加的国际条约，或者依照相互承认优先权的原则，可以享有优先权。本国优先权，是指申请人自发明或者实用新型在中国第一次提出专利申请之日起十二个月内，又向国务院专利行政部门就相同主题提出专利申请的，可以享有优先权。

2. 专利申请文件

（1）发明和实用新型专利申请文件。

请求书，是指专利申请人向国务院专利行政部门提交的请求授予其发明或实用新型以专利权的一种书面文件。

说明书，是对发明或实用新型的技术内容进行具体说明的陈述性文件。说明书摘要，是说明书公开内容的提要，仅是一种技术情报，无法律效力。

权利要求书，是专利申请人向国务院专利行政部门提交的，用以确定专利保护范围的书面文件。

（2）外观设计专利申请文件。

请求书：由于外观设计难以命名，故无须填写外观设计的名称，但要依专利产品分类表填写使用该外观设计的产品及其所属类别，同时应清楚地写明该外观设计的内容及特点，写明使用该外观设计产品的主要创作部位、请求保护的色彩、省略视图等。

图片或照片等文件：由于外观设计难以用文字说明或写成权利要求书，因此必须提交外观设计的图片或照片。

3. 专利申请的修改和撤回

专利申请的修改，是指对专利申请的改正、增补或删节。申请人可以对请求书、说明书、权利要求书和摘要提出修改，也可以根据国务院专利行政部门的要求加以修改。逾期不修改的，视为撤回；经修改后仍不符合专利法规定的，国务院专利行政部门应当予以驳回。

申请人可以在被授予专利权之前随时撤回其专利申请。专利申请被撤回后，该申请视为自始不存在。申请人无正当理由不请求实质审查的，该申请视为撤回。

4. 专利申请的审批与授权

（1）初步审查。国务院专利行政部门收到发明专利申请后，对申请文件的格式、法律要求等进行初步审查。

（2）早期公布。国务院专利行政部门对发明专利申请经初步审查认为符合专利法规定要求的，自申请日起满十八个月，即行公布。国务院专利行政部门也可以根据申请人的请求早日公布其申请。

（3）实质审查。实质审查是国务院专利行政部门根据申请人的请求，对发明的新颖性、创造性、实用性等实质条件进行审查。发明专利申请自申请日起三年内，国务院专利行政部门可以根据申请人随时提出的请求，对其申请进行实质审查；申请人无正当理由逾期不请求实质审查的，该申请即被视为撤回。国务院专利行政部门认为必要时，可自行对发明专利申请进行实质审查。

（4）授权决定。国务院专利行政部门对发明专利申请进行实质审查后，认为不符合专利法规定的，应当通知申请人，要求其在指定的期限内陈述意见，或对其申请进行修改；无正当理由逾期不答复的，该申请即被视为撤回。发明专利申请经申请人陈述意见或者进行修改后，国务院专利行政部门仍然认为不符合专利法规定的，应当予以驳回。发明专利申请经实质审查没有发现驳回理由的，由国务院专利行政部门作出授予发明专利权的决定，发给发明专利证书，同时予以登记和公告。发明专利权自公告之日起生效。

以上审批和授权程序仅适用于发明专利申请。对实用新型和外观设计专利申请而言，国务院专利行政部门只进行初步审查，无申请公开和实质审查程序。经初步审查没有发现驳回理由的，由国务院专利行政部门作出授予实用新型专利权或外观设计专利权的决定，发给相应的专利证书，同时予以登记和公告。实用新型专利权和外观设计专利权自公告之日起生效。

5. 专利的复审

国务院专利行政部门设立专利复审委员会。专利申请人对国务院专利行政部门驳回申请的决定不服的，可以自收到通知之日起三个月内，向专利复审委员会请求复审。专利复审委员会复审后，作出复审决定，并通知专利申请人。专利申请人对专利复审委员会的复审决定不服的，可以自收到通知之日起三个月内向人民法院起诉。

（二）专利权的终止

专利权的终止，是指专利权因期限届满或者其他原因在期限届满前失去法律效力。专利权终止的情形包括：专利权的期限届满；没有按照规定缴纳年费的；专利权人以书面声明放弃其专利的；专利权人死亡，无继承人或受遗赠人的。

专利权因未按照规定缴纳年费或者因专利权人以书面声明放弃而终止的，专利局均应将有关事项予以登记、公告。专利权终止后，发明创造成为无主财产，进入公有领域，任何人均可自由使用。

（三）专利权的无效

专利权无效是指已经取得的专利权因不符合专利法的规定，根据有关单位或个人的请求，经专利复审委员会审核后被宣告无效。

请求宣告专利权无效的单位或个人，应当向专利复审委员会提出请求书，并说明理由。对专利复审委员会宣告专利权无效或维持专利权的决定不服的，可以自收到通知之日起三个月内向人民法院起诉。人民法院应当通知无效宣告请求程序的对方当事人作为第三人参加诉讼。

宣告无效的专利权视为自始不存在。宣告专利权无效的决定，对在宣告专利权无效前人民法院作出并已执行的专利侵权的判决、裁定，已经履行或者强制执行的专利侵权纠纷处理决定，以及已经履行的专利实施许可合同和专利权转让合同，不具有追溯力。但是因专利权人的恶意给他人造成的损失，应当给予赔偿。专利权人或专利权转让人不向被许可实施专利人或者专利权受让人返还专利使用费或者专利权转让费，明显违反公平原则的，专利权人或者专利权转让人应当向被许可实施专利人或者专利权受让人返还全部或者部分专利使用费或者专利权转让费。

（四）专利权的保护

1. 专利权的保护范围

判断某一行为是否侵犯专利权，需将被控侵权行为的客体与经确定的专利权的保护范围进行比较，判断其是否属于专利权的保护范围。

（1）发明和实用新型专利权的保护范围。根据《专利法》的规定，发明或者实用新型专利权的保护范围以其权利要求的内容为准，说明书及附图可以用于解释权利要求。专利权的保护范围应当以权利要求书中明确记载的必要技术特征所确定的范围为准，也包括与该必要技术特征等同的特征所确定的范围。等同特征是指与所记载的技术特征以基本相同的手段，实现基本相同的功能，达到基本相同的效果，并且本领域的普通技术人员无须经过创造性劳动就能联想到的特征。

（2）外观设计专利权的保护范围。外观设计专利权的保护范围以表示在图片或者照片中的该外观设计专利产品为准。即其保护范围为申请时指定的产品上载有的、与图片或者照片中显示的设计相同的外观设计。如果在与外观设计专利产品相同或相似的产品上使用了相同或相似的外观设计，即被认为是落入了外观设计专利权的保护范围。

2. 专利侵权行为的种类

专利侵权行为，即侵犯专利权的行为，是指在专利权的有效期限内，任何他人在未经专利权人许可，也无其他法定事由，以生产经营为目的实施专利的行为。主要包括：未经专利权人许可，实施其专利的行为；假冒他人专利的行为；以非专利产品或方法冒充专利产品或方法。

3. 专利侵权的法律责任

（1）民事责任。民事责任主要包括：停止侵害，赔偿损失，消除影响，恢复名誉等。其中，根据《专利法》的规定：侵犯专利权的赔偿数额按照权利人因被侵权所受到的实际损失确定；实际损失难以确定的，可以按照侵权人因侵权所获得的利益确定。权利人的损失或者侵权人获得的利益难以确定的，参照该专利许可使用费的倍数合理确定。赔偿数额包括权利人为制止侵权行为所支付的合理开支。权利人的损失、侵权人获得的利益和专利许可使用费均难以确定的，人民法院可以根据专利权的类型、侵权行为的性质和情节等因素，确定给予一万元以上一百万元以下的赔偿。

（2）行政责任侵权。行政责任主要包括：对未经专利权人许可实施其专利的行为，管理专利工作的部门认定侵权行为成立的，可以责令侵权人立即停止侵权行为；对假冒他人专利的行为，除依法承担民事责任外，由管理专利工作的部门责令改正并予以公告，没收违法所得，可以并处罚款；对以非专利产品冒充专利产品、以非专利方法冒充专利方法的行为，由管理专利工作的部门责令改正并予以公告，并可处以罚款；对侵夺发明人或设计人的非职务发明创造专利申请权以及其他权益的行为，由所在单位或者上级主管机关给予行政处分等。

（3）刑事责任。刑事责任只限于假冒他人专利且情节严重的情形，责任形式主要包括有期徒刑、拘役和罚金。

4. 专利侵权纠纷的解决

（1）专利侵权纠纷的解决途径。因专利侵权引起纠纷的，由当事人协商解决；不愿协商或者协商不成的，专利权人或者利害关系人可以向人民法院起诉，也可以请求管理专利工作的部门处理。管理专利工作的部门认定侵权行为成立的，可以责令侵权人立即停止侵权行为，当事人不服的，可以自收到处理通知之日起十五日内依照《行政诉讼法》向人民法院起诉；侵权人期满不起诉又不停止侵权行为的，管理专利工作的部门可以申请人民法院强制执行。管理专利工作的部门应当事人的请求，可以就侵犯专利权的赔偿数额进行调解；调解不成的，当事人可以依照《民事诉讼法》向人民法院起诉。

（2）诉前禁令、证据保全和诉讼时效。

第一，诉前禁令。专利权人或者利害关系人有证据证明他人正在实施或者即将实施侵犯专利权的行为，如不及时制止将会使其合法权益受到难以弥补的损害的，可以在起诉前向人民法院申请采取责令停止有关行为的措施。申请人提出申请时，应当提供担保；不提供担保的，驳回申请。人民法院应当自接受申请之时起四十八小时内作出裁定；有特殊情况需要延长的，可以延长四十八小时。裁定责令停止有关行为的，应当立即执行。当事人对裁定不服的，可以申请复议一次；复议期间不停止裁定的执行。申请人自人民法院采取责令停止有关行为的措施之日起十五日内不起诉的，人民法院应当解除该措施。因错误申请，申请人应当赔偿被申请人因停止有关行为所遭受的损失。

第二，证据保全。为了制止专利侵权行为，在证据可能灭失或者以后难以取得的情况下，专利权人或者利害关系人可以在起诉前向人民法院申请保全证据。人民法院采取保全措施，可以责令申请人提供担保；申请人不提供担保的，驳回申请。人民法院应当自接受申请之时起四十八小时内作出裁定；裁定采取保全措施的，应当立即执行。申请人自人民法院采取保全措施之日起十五日内不起诉的，人民法院应当解除该措施。

第三，诉讼时效。根据《专利法》的规定，侵犯专利权的诉讼时效为两年，自专利权人或者利害关系人得知或者应当得知侵权行为之日起计算。发明专利申请公布后至专利权授予前使用该发明未支付适当使用费的，专利权人要求支付使用费的诉讼时效为两年，自专利权人得知或者应当得知他人使用其发明之日起计算。但是，专利权人于专利权授予之日前即已得知或者应当得知的，自专利权授予之日起计算。

权利人超过两年起诉的，如果侵权行为在起诉时仍在继续，在该项专利权有效期内，人民法院应当判决被告停止侵权行为，侵权损害赔偿数额应当自权利人向人民法院起诉之日起向前推算两年计算。

第四章 经济市场秩序与保障法律理论

第一节 《反垄断法》与《反不正当竞争法》

一、《反垄断法》

（一）《反垄断法》的界定

《反垄断法》的立法目的是预防和制止垄断行为，保护市场公平竞争，提高经济运行效率，维护消费者利益和社会公共利益，促进社会主义市场经济健康发展。为了实现这一目的，《反垄断法》借鉴先进的经验，在实体法方面禁止垄断协议、禁止滥用市场支配地位、控制经营者集中；基于国情的考虑，《反垄断法》还禁止滥用行政权力限制竞争的行为。此外，反垄断法还对反垄断执法机构、对涉嫌垄断行为的调查程序和法律责任作出了规定。

"反不正当竞争法颁布实施以来，对维护市场主体的合法权益，创造公平的竞争环境，促进市场经济的发展和完善发挥了重要作用。"[①]《反垄断法》最大的特点是鲜明地立足于中国的基本国情，比如对行政垄断的规定。此外，《反垄断法》还规定了"与社会主义市场经济相适应"的基本原则，要求国家制定和实施与社会主义市场经济相适应的竞争规则，完善宏观调控，健全统一、开放、竞争、有序的市场体系。这充分说明《反垄断法》虽然应当促进市场竞争，但必须从国情出发，使这部法律与社会主义市场经济相适应：①必须维护国家基本经济制度，既要有利于巩固和发展公有制经济，又要有利于鼓励、支持和引导非公有制经济发展；②必须按照社会主义市场经济的要求，确立市场竞争基本规则，在国家宏观调控的指导下，使包括国有企业在内的各类企业通过公平、有序的市场竞

---

①朱慈蕴. 反不正当竞争法实践之路 [J]. 中国工商管理研究，2012 (7).

争开展经营活动；③必须从现阶段中国经济社会发展的实际出发，充分考虑中国企业做大做强、提高产业集中度、增强市场竞争能力的需求，统筹协调反垄断与实施国家产业政策的关系，使经营者通过公平竞争和自愿联合，依法实施集中、扩大经营规模、增强市场竞争能力。这三个"必须"集中体现了《反垄断法》的中国特色，是贯穿这部法律始终的基本精神。

（二）反垄断执法机构

目前我国的反垄断执法机构有三个，分别是商务部、国家发展和改革委员会以及国家市场监督管理总局。此外，为了协调反垄断执法，保证反垄断执法的统一性、公正性和权威性，设立国务院反垄断委员会，负责组织、协调、指导反垄断工作。

反垄断委员会主要通过召开委员会全体会议、主任会议和专题会议履行职责，不替代成员单位和有关部门依法行政。反垄断委员会聘请法律、经济等方面的专家组成专家咨询组，对委员会需要研究的重大问题提供咨询。

国务院反垄断委员会履行五大职责：①研究拟定有关竞争政策；②组织调查、评估市场总体竞争状况，发布评估报告；③制定、发布反垄断指南；④协调反垄断行政执法工作；⑤国务院规定的其他职责。

《反垄断法》在赋予反垄断执法机构一定的执法权限外，还规定了其在执法过程中应当履行的法定义务。例如：反垄断执法机构应当为举报涉嫌垄断行为单位和个人保密；反垄断执法机构及其工作人员对执法过程中知悉的商业秘密负有保密义务。

二、《反不正当竞争法》

（一）《反不正当竞争法》的立法目的

《中华人民共和国反不正当竞争法》（以下简称《反不正当竞争法》）的立法目的有三个：①促进社会主义市场经济健康发展；②鼓励和保护公平竞争；③保护经营者和消费者的合法权益。可以看出，《反不正当竞争法》的立法目的分为宏观和微观两个层次。宏观上，《反不正当竞争法》是为了鼓励和保护公平竞争，促进社会主义市场经济健康发展；微观上，对妨碍市场秩序的具体不正当竞争行为坚决制止，其目的是保护正当合法的竞争行为和消费者的利益。

（二）《反不正当竞争法》的基本原则

《反不正当竞争法》所称的经营者，是指从事商品生产、经营或者提供服务（以下简称"商品包括服务"）的自然人、法人和非法人组织。经营者在生产经营活动中，应当遵循自愿、平等、公平、诚信的原则，遵守法律和商业道德。这些基本原则的确立具有重要意义，如自愿原则有助于保障经济主体的经济民主和经济自由权利；平等原则的确立可以平等地保护市场经济各主体，使市场经济主体的合法经济权益得到平等的实现；公平原则要求市场经济主体不谋求法律之外的任何特权和优势；诚信原则有利于引导市场经济主体从善意出发做到诚实、守信地行使权利和承担义务；遵守法律和商业道德有利于促进市场主体不断地增强职业道德和社会责任感，维护消费者的合法权益和实现社会公共利益。

（三）《反不正当竞争法》的执法机构

《反不正当竞争法》的实施主要通过两种方式实现：司法和行政执法。司法主要是通过民事诉讼、刑事诉讼活动打击扰乱市场公平秩序的不正当竞争行为。行政执法是反不正当竞争法的重要实施方式，特别是当受不正当竞争行为损害的经营者或消费者不明确的情况下，行政执法尤为重要。

政府负有公共服务的职能，而公共服务职能的主要方面就包括为经济发展创建和维护良好的市场环境，保护社会主义市场经济秩序。因此，《反不正当竞争法》规定，各级人民政府应当采取措施，制止不正当竞争行为，为公平竞争创造良好的环境和条件。据此，政府应积极承担制止不正当竞争行为的职责和义务。

国务院建立反不正当竞争工作协调机制，研究决定反不正当竞争重大政策，协调处理维护市场竞争秩序的重大问题。一般而言，由县级以上人民政府履行市场监督管理职责的部门负责对不正当竞争行为进行查处；但如果法律、行政法规规定由其他部门查处时，依照其规定。也就是说，市场监督管理机关作为国家经济监督管理部门和行政执法部门，其本身具有规范市场行为的综合职能，是反不正当竞争的主要执法机构。但是，法律、行政法规规定由其他部门查处的，则应依照相关法律、行政法规之规定。

实践中，在规制不正当竞争行为中发挥重要作用的行政机构主要包括：国家市场监督管理部门、质量技术监督管理机关、物价管理机关、环境保护机关、食品卫生监督管理机关、证监会、国家知识产权局以及其他相关行政管理机构。

第二节　诉讼法及其内容与程序

一、《民事诉讼法》及其诉讼程序

（一）民事纠纷与民事诉讼

1. 民事纠纷

（1）民事纠纷的特征。民事纠纷，也叫民事争议，是指平等主体之间发生的，以民事权利义务为内容的法律纠纷，如离婚纠纷、损害赔偿纠纷、房屋产权纠纷、合同纠纷、人身权纠纷、继承纠纷、著作权纠纷等。民事纠纷作为法律纠纷的一种，一般来说，是因为违反了民事法律规范而引起的。民事主体违反了民事法律义务性规范而侵害了他人的民事权利，由此而产生以民事权利义务为内容的争议。

民事纠纷与其他法律纠纷相比，具有三个主要特征：①民事纠纷主体之间的法律地位平等。民事纠纷发生在平等主体的自然人、法人以及非法人组织之间，不论其实际地位、身份有何不同，各主体在纠纷中始终处于平等地位。②民事纠纷的内容是对民事权利义务的争议。即争议基于平等主体之间的人身关系和财产关系发生，如果超出了这个范围就不属于民事纠纷。③民事纠纷的可处分性。这是因为民事纠纷是有关私权的争议，而私法的基本原则是当事人"自治"，所以纠纷主体依法拥有对发生纠纷的民事权益的处分权。当然，这主要是针对有关财产关系的民事纠纷而言的，有关人身关系的民事纠纷大多不具有可处分性。

根据民事纠纷的内容，可将其分为：有关人身关系的民事纠纷和有关财产关系的民事纠纷。事实上，这两种纠纷往往是交相并存的：人身关系的民事纠纷和财产关系的民事纠纷的发生往往互为前提；有些民事权利，如继承权、股东权、知识产权等兼有财产权和人身权的性质，由此而发生的民事纠纷则兼有财产纠纷和人身纠纷的性质。

（2）民事纠纷的处理机制。

第一，自力救济，包括自决与和解。它是指纠纷主体依靠自身力量解决纠纷，以达到维护自己民事权益的目的。自决是指纠纷主体一方凭借自己的力量使对方服从。和解是指双方互相妥协和让步。两者的共同点是，都是依靠纠纷主体自身的力量来解决争议，无须第三方的参与，一般不受法律规范的制约。

第二，社会救济是指依靠社会力量处理民事纠纷的一种机制，包括调解（诉讼外调解）和仲裁。调解是由第三者（调解机构或调解人）出面对纠纷的双方当事人进行调停说和，用一定的法律规范和道德规范劝导冲突双方，促使他们在互谅互让的基础上达成解决纠纷的协议。在我国，未经司法确认的调解协议不具有法律上的强制力，但具有合同意义上的效力。仲裁是由双方当事人选定的仲裁机构对纠纷进行审理并作出裁决的纠纷解决方式。仲裁不同于调解，仲裁裁决具有法律上的强制力。但是，仲裁与调解一样，也是以双方当事人的自愿为前提条件的，只有纠纷的双方达成仲裁协议，一致同意将纠纷交付裁决，仲裁才能开始。

第三，公力救济是指诉讼。民事诉讼是法院在当事人和其他诉讼参与人的参加下，以审理、判决、执行等方式解决民事纠纷的活动，是利用国家公权力解决纠纷的一种最权威也最为有效的机制，具有国家强制性和严格的规范性等特点。

调解、仲裁和诉讼构成了我国多元化的民事纠纷解决机制，在这个机制中三者具有不同的功能，并且彼此衔接，相互补充，谁也不能代替谁，从而体现了解决民事纠纷的程序制度的中国特色。

2. 民事诉讼

诉讼，通常是指国家司法机关按照一定程序和方式解决纠纷的活动。民事诉讼，是指人民法院在当事人和其他诉讼参与人的参加下，在审理和执行民事案件的过程中所进行的各种诉讼活动，以及由这些活动产生的各种诉讼关系的总和。民事诉讼动态的表现为法院、当事人及其他诉讼参与人进行的各种诉讼活动，静态的表现为在诉讼活动中产生的诉讼关系。

（1）民事诉讼具有公权性。民事诉讼是以司法方式解决平等主体之间的纠纷，是由人民法院代表国家行使审判权解决民事争议的一种方式。它既不同于群众自治组织性质的人民调解委员会以调解方式解决纠纷，也不同于由民间性质的仲裁委员会以仲裁方式解决纠纷。

（2）民事诉讼具有强制性。强制性是公权力的重要属性。民事诉讼的强制性既表现在案件的受理上，又反映在裁判的执行上。调解、仲裁均建立在当事人自愿的基础上，只要有一方不愿意选择上述方式解决争议，调解、仲裁就无从进行。民事诉讼则不同，只要原告起诉符合民事诉讼法规定的条件，无论被告是否愿意，诉讼均会发生。未经司法确认的诉讼外调解协议的履行依赖于当事人的自觉，不具有强制力；法院裁判则不同，当事人不自觉履行生效裁判所确定的义务，人民法院可以依法强制执行。

（3）民事诉讼具有程序性。民事诉讼是依照法定程序进行的诉讼活动，无论是法院还是当事人或其他诉讼参与人，都需要按照民事诉讼法设定的程序实施诉讼行为，违反诉讼程序常常会引起一定的法律后果，如法院的裁判被上级法院撤销，当事人失去为某种诉讼行为的权利等。诉讼外解决民事纠纷的方式程序性较弱，人民调解没有严格的程序规则，仲裁虽然也需要按预先设定的程序进行，但其程序相当灵活，当事人对程序的选择权也较大。

（4）民事诉讼的诉讼标的是发生争议的民事法律关系。民事法律关系是法律确认的权利主体对人或物的关系，这种关系的内容为民事权利和民事义务。民事义务的不履行或者不适当履行，必然引起争议，发生纠纷，当一方当事人把它诉诸司法解决，就成了民事诉讼。而民事诉讼要解决的，正是发生争议的民事法律关系是否存在，以及权利义务如何处理的问题。从这个意义上讲，发生争议的民事法律关系是民事诉讼的诉讼标的，这一特点是民事诉讼区别于行政诉讼和刑事诉讼的显著标志。

（二）民事诉讼的程序

1. 第一审普通程序

（1）起诉。民事诉讼中的起诉，是指公民、法人或者其他组织，认为自己所享有的或者依法由自己管理、支配的民事权益受到侵害，或者与他人发生民事权益的争议，以自己的名义请求法院通过审判给予司法保护的诉讼行为。由于司法的不告不理原则，起诉是当事人行使起诉权的起点，是引起审判权的前提。

（2）审理前的准备。审理前的准备，是指人民法院在受理案件后，开庭审理之前所做的准备工作。这一阶段，审判人员主要做三项准备工作：①发送起诉状副本和答辩状副本；②审阅诉讼材料，调查收集证据；③更换和追加当事人。

（3）开庭审理。开庭审理是指受诉法院在完成审前的各项准备后，于确定的日期，在双方当事人及其他诉讼参与人的参加下，依照法定形式和程序，在法庭上对民事案件进行实体审理的诉讼活动。

开庭审理前准备工作有两项：①人民法院审理民事案件，应当在开庭3日前通知当事人和其他诉讼参与人。对于当事人，应当用传票传唤；对诉讼代理、证人、鉴定人、勘验人、翻译人员，应当用通知书通知其到庭。当事人或其他诉讼参与人在外地的，应留有必要的在途时间。②公开审理的案件，应当公告当事人姓名、案由和开庭时间、地点。

（4）撤诉判决。撤诉是指在人民法院受理案件后到判决宣告前，原告撤回其起诉的行为。撤诉有广义和狭义两种：广义的撤诉包括申请撤诉与按撤诉处理；狭义的撤诉仅指申请撤诉。申请撤诉，是指在一审判决宣告前，原告向人民法院申请撤回其起诉的一种诉讼行为。申请撤诉需要符合相关条件：①要有申请撤诉的具体行为，即必须向人民法院明确提出撤诉的请求；②申请撤诉必须是原告的自愿行为；③申请撤诉的目的必须正当、合法；原告的撤诉申请必须在受诉人民法院宣判前提出。

有这些情形之一的，按撤诉处理：①原告经传票传唤，无正当理由拒不到庭的；②在法庭审理过程中，原告未经法庭许可中途退庭的；③原告为无诉讼行为能力人的，其法定代理人经传票传唤，无正当理由拒不到庭，又不委托诉讼代理人到庭的；④原告未按规定预交案件受理费，经法院通知后仍不预交的，又没有申请免交或者缓交理由的。

有独立请求权的第三人有上述情形的，也按撤诉处理。

人民法院裁定撤诉后，诉讼即告终结，当事人可以在诉讼时效内再行起诉。

（5）延期审理、诉讼中止与终结。

第一，延期审理。延期审理，是指在开庭日期到来之前，或者在开庭审理进行中，由于出现了法律规定的某些特殊情况，致使开庭审理无法按期进行或者无法继续进行，因而必须推延开庭审理日期。有这些情形之一的，可以延期审理：①必须到庭的当事人和其他诉讼参与人有正当理由没有到庭的；②当事人临时提出回避申请的；③需要通知新的证人到庭，调取新的证据，重新鉴定、勘验，或者需要补充调查；④其他应当延期的情形。

第二，诉讼中止。诉讼中止是指在诉讼进行中，因发生法定中止诉讼的原因，法院裁定暂时停止诉讼程序。有这些情形之一的，中止诉讼：①一方当事人死亡，需要等待继承人表明是否参加诉讼的；②一方当事人丧失诉讼行为能力，尚未确定法定代理人的；③作为一方当事人的法人或者其他组织终止，尚未确定权利义务承受人的；④一方当事人因不可抗拒的事由，不能参加诉讼的；⑤本案必须以另一案的审理结果为依据，而另一案尚未审结的；⑥其他应当中止诉讼的情形。

符合上述情况的，法院应作出裁定中止诉讼。中止诉讼的原因消除后，由当事人申请或者法院依职权恢复诉讼程序。在此种情况下，不必撤销原裁定，从法院通知或准许当事人双方继续进行诉讼时起，中止诉讼的裁定即失去效力。

第三，诉讼终结。诉讼终结，是指在诉讼过程中因发生某种情况，使诉讼程序继续进行已没有必要或不可能继续进行从而结束诉讼程序。有下列情形之一的，终结诉讼：①原告死亡，没有继承人，或者继承人放弃诉讼权利的；②被告死亡，没有遗产，也没有应当承担义务的人；③离婚案件中一方当事人死亡；④追索赡养费、扶养费、抚养费以及解除收养关系案件的一方当事人死亡。

（6）反诉。反诉，是指原告起诉后，被告于同一诉讼程序对原告起诉。民事诉讼法把反诉规定为被告的一项诉讼权利，反诉可以与本诉合并审理。反诉的条件有五项：①反诉只能是本诉被告向本诉原告提起；②反诉必须向受理本诉的法院提起；③反诉与本诉的诉讼请求必须能适用同类诉讼程序，如本诉适用普通程序，反诉适用特别程序，则反诉不能成立；④反诉必须于一审判决前提出；⑤反诉的诉讼请求与本诉的诉讼请求必须有事实上或法律上的联系。

2. 简易程序

简易程序适用简易程序的人民法院。基层人民法院和它派出的法庭审理事实清楚、权利义务关系明确、争议不大的简单的民事案件，适用简易程序。中级及以上的人民法院都不能适用简易程序审理第一审民事案件；适用简易程序的案件。事实清楚、权利义务关系明确、争议不大的简单的民事案件，适用简易程序。此外，当事人双方也可以约定适用简易程序。

3. 第二审程序

（1）上诉的受理。上诉的受理，是指人民法院通过法律程序，对当事人提起的上诉进行审查，给符合上诉条件的案件予以受理的行为。上诉状应当通过原审人民法院提出，并按照对方当事人或者代表人的人数提出副本。当事人直接向第二审人民法院上诉的，第二审人民法院应当在五日内将上诉状移交原审人民法院。

（2）上诉案件的审理。第二审人民法院对上诉案件，经过审理，按照对应情形，分别处理：①原判决、裁定认定事实清楚，适用法律正确的，以判决、裁定方式驳回上诉，维持原判决、裁定；②原判决、裁定认定事实错误或者适用法律错误的，以判决、裁定方式依法改判、撤销或者变更；③原判决认定基本事实不清的，裁定撤销原判决，发回原审人民法院重审，或者查清事实后改判；④原判决遗漏当事人或者违法缺席判决等严重违反法定程序的，裁定撤销原判决，发回原审人民法院重审。

原审人民法院对发回重审的案件作出判决后，当事人提起上诉的，第二审人民法院不得再次发回重审。

4. 审判监督程序

（1）当事人申请再审。当事人申请再审，是指民事诉讼的当事人对已经发生法律效力的判决、裁定、调解书，认为有错误，向上一级人民法院申请再行审理的行为。

（2）人民法院决定再审。各级人民法院院长对本院已经发生法律效力的判决、裁定、调解书，发现确有错误，认为需要再审的，应当提交审判委员会讨论决定。各级人民法院院长对本院已经发生法律效力的判决、裁定，发现确有错误，经审判委员会讨论决定再审的，应当裁定中止原判决、裁定的执行。

最高人民法院对地方各级人民法院已经发生法律效力的判决、裁定、调解书，上级人民法院对下级人民法院已经发生法律效力的判决、裁定、调解书，发现确有错误的，有权提审或者指令下级人民法院再审。

最高人民法院对地方各级人民法院已经发生法律效力的判决、裁定，上级人民法院对下级人民法院已经发生法律效力的判决、裁定，如果发现确有错误，应在提审或者指令下级人民法院再审的裁定中同时写明中止原判决、裁定的执行；情况紧急的，可以将中止执行的裁定口头通知负责执行的人民法院，但应在口头通知后十日内发出裁定书。

（3）人民检察院抗诉提起再审。最高人民检察院对各级人民法院已经发生法律效力的判决、裁定，上级人民检察院对下级人民法院已经发生法律效力的判决、裁定，发现有法定抗诉情形，应当按照审判监督程序抗诉。地方各级人民检察院对同级人民法院已经发生法律效力的判决、裁定，发现有法定情形，应当提请上级人民检察院按照审判监督程序抗诉。人民检察院提出抗诉的案件，人民法院应当再审。

二、《刑事诉讼法》及其诉讼程序

（一）刑事诉讼和《刑事诉讼法》

1. 刑事诉讼

（1）刑事诉讼是专门机关行使和实现国家刑罚权的活动。刑事诉讼不同于其他诉讼的关键之处，就在于可以解决犯罪嫌疑人、被告人的刑事责任问题，这既是法律赋予专门机关的权力，也是专门机关应履行的职责。其他的机关、团体、组织或个人均无此权。专门机关根据法律赋予的职权，办理刑事案件和执行刑事裁决，即对刑事案件进行侦查、起诉、审判和执行等活动，这构成了刑事诉讼的主要内容。

（2）刑事诉讼是专门机关的活动与诉讼参与人的活动的有机结合。从刑事诉讼的开始到终结，专门机关都居于主导地位，但这并不意味着刑事诉讼仅仅是专门机关的活动。如果没有诉讼参与人，尤其是当事人的参加，刑事诉讼活动也就失去了目的和意义。因此，当事人和其他诉讼参与人的活动，同样是刑事诉讼的重要内容。

（3）刑事诉讼是严格依照法定程序进行的活动。在刑事诉讼过程中，专门机关和诉讼参与人，都必须根据刑事诉讼的程序、规则来实施诉讼行为，如果违反了刑事诉讼活动的客观规律，不依法办案，就可能造成错案或引起其他法律后果，轻则关系到公民的权利、利益的损害，重则涉及国家的稳定与安危。

（4）刑事诉讼往往带有一定的强制性。在刑事案件处理过程中，专门机关针对特定的人员，特别是犯罪嫌疑人、被告人，往往会采取一些强制性的措施，以确保案件审理的进行。

同时，刑事诉讼的结果往往也会造成被告人自由、财产甚至生命被剥夺，即通过刑罚的实施来达到惩罚犯罪和恢复社会关系的目标。

基于上述分析，我国的刑事诉讼可以这样描述：公安机关、人民检察院、人民法院在当事人和其他诉讼参与人的参加下，依照法律规定的程序，通过理性的争辩与说服，解决被追诉者刑事责任问题的活动。

刑事诉讼同样有广义和狭义两种表现形式：广义的刑事诉讼，则将侦查、起诉、审判、执行等程序都看作诉讼的组成部分。实际上，当今世界上大多数国家都是从广义上来规定刑事诉讼程序的。狭义的刑事诉讼，一般仅指审判期间的诉讼活动。侦查与起诉都只是审判前的准备程序，执行则是审判的必然延伸。

2.《刑事诉讼法》

《刑事诉讼法》是国家制定或认可的，有关专门机关和诉讼参与人进行刑事诉讼活动的法律规范的总称。它是专门机关办理刑事案件的主要依据，也是当事人及其他诉讼参与人在刑事诉讼活动中享受权利和履行义务的法律依据。《刑事诉讼法》作为规范刑事诉讼制度的基本法律，是一项专门调整刑事诉讼活动的法律规范，其调整对象涉及公、检、法机关，当事人以及律师在刑事诉讼过程中的相关活动。

（二）刑事诉讼的程序

1. 立案

（1）对立案材料的接受。公安机关、检察院和人民法院对报案、控告、举报和自首，都应当接受。对不属于自己管辖的，应当移送主管机关处理，并且通知报案人、控告人、举报人；对不属于自己管辖而又必须采取紧急措施的，应当先采取紧急措施，然后移送主管机关。"紧急措施"是指保护现场、依法先行拘留嫌疑人、扣押证据等。

（2）对立案材料的审查和处理。人民法院、检察院或者公安机关对报案、控告、举报和自首的材料应当按照管辖范围，迅速进行审查。人民法院、检察院、公安机关对立案材料审查后，认为有犯罪事实需要追究刑事责任的时候，应当立案；认为没有犯罪事实，或者犯罪事实显著轻微，不需要追究刑事责任的时候，不予立案，并且将不立案的原因通知控告人。控告人如果不服，可以申请复议。

2. 侦查

（1）讯问犯罪嫌疑人。讯问犯罪嫌疑人是指侦查人员依照法定程序以言辞方式，就案件事实和其他与案件有关的问题向犯罪嫌疑人进行查问的一种侦查活动。

（2）询问证人和被害人。询问证人是指侦查人员就案件的有关情况依法向证人调查询问。询问证人可在证人所在单位或住处进行。询问证人应当个别进行。对一案有多个证人的，应分别进行，不能采用开座谈会的形式来获取证人证言，防止证人之间相互影响。询问证人时，侦查人员应当告知证人如实地提供证据、证言，有意作伪证或者隐匿罪证要负的法律责任。询问不满十八周岁的证人，可通知其法定代理人到场，以保护未成年证人的合法权益。询问被害人，是指侦查人员依照法定程序以言辞方式，就被害人遭受侵害的事实和犯罪嫌疑人的有关情况向被害人进行调查、了解的一种侦查活动。询问被害人的程序和方法与询问证人的程序和方法相同。

（3）勘验、检查。勘验、检查指侦查人员对与犯罪有关的场所、物品、人身、尸体进行的勘查、检验和检查，以发现和固定犯罪活动所遗留下来的各种痕迹、物品的一种侦查活动。勘验的对象是场所、物品和尸体；检查的对象是活人的身体，主要是犯罪嫌疑人、被害人的身体。检查妇女的身体，应当由女工作人员或者医师进行。勘验、检查应由侦查人员进行，必要时可指派或聘请具有专门知识的人，在侦查人员的主持下进行。侦查人员进行勘验、检查必须持有人民检察院或公安机关的证明文件。勘验、检查包括现场勘验、物证检验、尸体检验、人身检查与侦查实验。

（4）搜查。搜查指侦查人员为了收集犯罪证据、查获犯罪人，对犯罪嫌疑人以及可能隐藏罪犯或者犯罪证据的人的身体、物品、住处和其他有关的地方进行搜查。侦查人员进行搜查，必须向被搜查人出示搜查证。但在执行逮捕、拘留时，遇有紧急情况，可不必用搜查证，即在执行逮捕、拘留时，如果被逮捕、拘留的人可能携带危险物品或可能转移、毁灭罪证，侦查人员依法予以搜查，而无须另开搜查证。在搜查时，应当有被搜查人或者他的家属、邻居或其他见证人在场。搜查人员不得少于两人。搜查妇女的身体，必须由女性工作人员进行。

（5）查封、扣押。查封、扣押是指侦查人员对侦查中发现的可用以证明犯罪嫌疑人有罪或者无罪的物品、文件依法予以强制扣留或提存。查封、扣押应当由侦查人员进行。查封、扣押范围限于能证明犯罪嫌疑人有罪或者无罪的物品、文件，与案件无关的，不得查封、扣押。

（6）查询、冻结。查询、冻结是指侦查机关根据侦查犯罪的需要而依法向银行或其他金融机构、邮电机关查询犯罪嫌疑人的存款、汇款、债券、股票、基金份额等财产，在必要时予以冻结的一种侦查活动。

（7）鉴定。鉴定指为了查明案情，解决案件中某些专门性问题，侦查机关指派或聘请

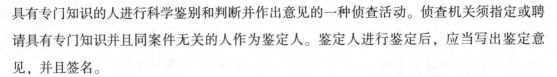

具有专门知识的人进行科学鉴别和判断并作出意见的一种侦查活动。侦查机关须指定或聘请具有专门知识并且同案件无关的人作为鉴定人。鉴定人进行鉴定后，应当写出鉴定意见，并且签名。

（8）通缉。通缉指公安机关通令缉拿应当逮捕而在逃的犯罪嫌疑人的一种侦查活动。各级公安机关在自己管辖的地区内，可直接发布通缉令；超出自己管辖的地区，应当报请有权决定的上级机关发布。人民检察院、人民法院需要通缉犯罪嫌疑人或被告人时，应商请公安机关进行。

3. 起诉

（1）审查起诉。审查起诉应当对起诉意见书及全部案卷材料和证据进行全面、认真审查，讯问犯罪嫌疑人，听取被害人和犯罪嫌疑人、被害人委托人的意见。人民检察院经过审查，认为公安机关移送的案件犯罪事实不清、证据不足或遗漏重要罪行或其他应当追究刑事责任的人等，需要补充侦查，可以退回公安机关补充侦查，也可自行侦查。补充侦查的案件，应在一个月以内补充侦查完毕。补充侦查不得超过两次。退回公安机关补充侦查的案件，公安机关补充侦查完毕移送人民检察院后，人民检察院重新计算审查起诉期限。

（2）提起公诉或不起诉。

第一，提起公诉。经过审查，人民检察院认为案件符合提起公诉的条件即犯罪事实已经查清，证据确实、充分的，应当追究犯罪嫌疑人的刑事责任，则应作出起诉决定，向相应的人民法院提起公诉。人民检察院决定提起公诉后，应制作起诉书向有管辖权的人民法院移送并做好出庭支持公诉的准备。

第二，不起诉。不起诉指人民检察院对公安机关侦查终结移送审查起诉的案件或自行侦查终结的案件，经审查认为犯罪嫌疑人的行为不构成犯罪或依法不应追究刑事责任的，作出不向人民法院提起公诉的一种决定。

4. 审判

（1）第一审程序。人民检察院向人民法院提起公诉或者自诉人向人民法院提起自诉，案件就进入了第一审程序。第一审程序是指人民法院对刑事案件进行首次审判所遵循的程序，是审判的法定必经程序。第一审程序有普通程序与简易程序之分。

（2）第二审程序。第二审程序，是指第一审人民法院的上一级人民法院，对因不服第一审人民法院尚未发生法律效力的判决或裁定，而提起上诉或者抗诉的案件进行审理时所适用的诉讼程序。

（3）死刑复核程序。死刑复核程序是指拥有死刑复核权的人民法院对判处死刑的案件进行审查核准所应遵循的一种特殊审判程序。死刑复核程序既包括对判处死刑立即执行案件的复核程序，也包括对判处死刑缓期二年执行案件的复核程序。

（4）审判监督程序。审判监督程序，是指人民法院、人民检察院对已经发生法律效力的判决和裁定，发现在认定事实或者适用法律上确有错误，依法提出并由人民法院对该案进行重新审判的一项特殊诉讼程序。

5. 执行

（1）死刑判决的执行。对死刑立即执行的判决，由最高人民法院院长签发执行死刑命令，下级人民法院接到命令后，应当在七日内交付执行。人民法院在交付执行死刑前，应当通知同级人民检察院派员临场监督。死刑采用枪决或者注射等方法进行。死刑可以在刑场或者指定的羁押场所内执行。执行死刑应当公布，不应示众。

（2）死刑缓期二年执行、徒刑、拘役的执行。对被判处死刑缓期二年执行、无期徒刑、有期徒刑的罪犯，由公安机关依法将罪犯交付监狱执行。对被判处有期徒刑的罪犯，在被交付执行刑罚前，剩余刑期在一年以下的，由看守所代为执行。对被判处拘役的罪犯，由公安机关执行。对未成年罪犯应当在未成年犯管教所执行刑罚。执行机关应将罪犯及时收押，并通知罪犯家属。被判处有期徒刑、拘役的罪犯，执行期满，应由执行机关发给释放证明。

（3）拘役缓刑、有期徒刑缓刑的执行。拘役缓刑、有期徒刑缓刑意味着在法定期间内暂缓执行原判刑罚，若缓刑犯在暂缓执行期间不犯罪，则不再执行原判刑罚。被判处徒刑缓刑、拘役缓刑的罪犯，由公安机关交所在单位或者基层组织予以考察。罪犯在缓刑考验期内，必须遵守法律、法规。罪犯在缓刑考验期内未再犯新罪的，缓刑考验期满，则不再执行原判刑罚，由执行机关宣布；罪犯在缓刑考验期内又犯新罪的，则在审判新罪时撤销原缓刑。

（4）管制、剥夺政治权利判决的执行。管制指对罪行较为轻微的犯罪分子判处的不予关押而在公安机关管束、人民群众监督下进行劳动改造的刑罚方法。剥夺政治权利是指剥夺犯罪分子参加国家管理和政治活动权利的刑罚方法。管制、剥夺政治权利的判决由公安机关执行。执行期满，由公安机关通知本人，并向群众宣布解除管制或恢复政治权利。

（5）罚金、没收财产判决的执行。罚金判决，由人民法院执行。如果由于遭遇不能抗拒的灾祸交纳罚金确实有困难的，可裁定减少或者免除。没收财产的判决，由人民法院执行，必要时可会同公安机关执行。

第三节　仲裁法与仲裁组织构成

一、仲裁法的基本认知

(一) 仲裁的特征

仲裁从字义上讲，"仲"字表示地位居中之义，"裁"字则表示进行评断、作出结论的意思。因此，仲裁应认为是由地位居中的人对争议事项作出评断和结论。

仲裁作为一项法律制度，只从字面上加以定义是不够的，不科学的。我们认为科学的法律意义上的仲裁，应是指由一定的机构根据当事人之间的协议，对双方当事人之间发生争议的事项，以第三者的身份居中作出具有法律约束力的裁决。

从前述仲裁的概念，可以看出仲裁有以下法律特征。

第一，仲裁机构是中立的第三者。仲裁法律关系的主体，除有当事人双方，即申请人、被申请人外，还有由当事人双方选定的仲裁机构。仲裁机构审理案件的仲裁员也是由当事人选定的，或者是由当事人委托仲裁委员会主任指定的。仲裁机构及其仲裁员都不是一方当事人，也不是一方或双方当事人的代理人。它是以双方当事人之外的第三者身份对当事人之间的争议事项居中裁决。

第二，仲裁以双方当事人自愿达成的协议为前提和基础。仲裁机构对当事人之间的争议事项进行仲裁，必须基于双方当事人的共同意愿。没有双方的共同意愿，就不可能达成将争议提交仲裁机构仲裁的协议。任何一方当事人都不能按自己单方的意愿，将与对方之间的争议提交仲裁机构仲裁。即使向仲裁机构提出申请也是无效的，仲裁机构无权仲裁。

第三，仲裁机构及仲裁所依据的仲裁规则由双方当事人选定。仲裁机构对当事人之间争议的仲裁权来源于当事人，当事人双方选定某一仲裁机构，该仲裁机构才能对案件进行仲裁。仲裁机构仲裁案件适用的仲裁规则，也由当事人双方协议选定，不能由仲裁机构强行按何种仲裁规则进行仲裁。这是由仲裁的性质决定的。当事人双方选定的仲裁机构只能按当事人双方选定的仲裁规则平等地给双方陈述意见，提供证据，进行辩论的权利，并在查明争议事实的基础上，公正地作出裁决。

第四，仲裁裁决具有法律效力。仲裁虽属民间性质，但各国仲裁立法都规定，当事人双方选择仲裁的，仲裁机构依法对争议事项作出的裁决为终局裁决，对双方当事人都有约束力。双方当事人都应当自觉履行该裁决所确定的权利义务，如果应当履行义务的一方当事人拒不履行该裁决所确定的义务，对方当事人则有权向人民法院申请强制执行。

（二）仲裁的种类

1. 国内民事经济仲裁与涉外经济贸易仲裁

（1）国内民事经济仲裁，是指基于本国公民、法人或其他组织之间，以及他们相互之间发生的民事经济争议所进行的仲裁。

（2）涉外经济贸易仲裁，则是指对公民、法人或其他组织之间，以及他们相互之间在对外经济贸易、运输和海事活动中发生的争议所进行的仲裁。这两种仲裁不仅适用的仲裁规则不同，仲裁机构也不同。

2. 商事仲裁与劳动仲裁

（1）商事仲裁是基于平等主体的公民、法人和其他组织之间，以及他们相互之间发生的合同纠纷和其他财产权益纠纷，由仲裁机构对其争议进行的仲裁，其法律关系属民商事法律关系的性质。

（2）劳动仲裁，其法律关系则属劳动法律关系，由劳动法调整。它是由劳动争议仲裁机构以第三者的身份，根据发生劳动争议的当事人的申请，依照一定的法律程序，按劳动法规和政策，对当事人之间的劳动争议事项所进行的裁决。劳动争议仲裁，通常是基于劳动条件、劳动报酬、劳动合同等争议而引发的，是仲裁机构对其在权利义务上作出裁决的一种制度。

3. 民间仲裁与行政仲裁

（1）民间仲裁，是指由非官方的民间性仲裁机构对争议事项所进行的仲裁。它不依附于任何官方的行政机构，通常由商会设立。

（2）行政仲裁，是指由设在国家行政机构内的仲裁机构对争议事项所进行的仲裁。例如，我国在《中华人民共和国仲裁法》颁行前，国家工商行政管理部门内设立的经济合同纠纷仲裁委员会，就属于行政仲裁。

4. 常设仲裁机构仲裁与临时仲裁机构仲裁

（1）常设仲裁机构仲裁，是指当事人双方协议，共同合意选择某一固定的常设仲裁机构对其争议事项进行仲裁。由常设仲裁机构仲裁的优点在于：依据仲裁机构既定的仲裁规则进行仲裁，仲裁程序较为严格；它有固定的管理机构和专业广泛的仲裁员；仲裁裁决较为客观、公正。因此，当事人通常都选择固定的常设仲裁机构仲裁。由固定的常设仲裁机

构仲裁当事人之间的争议，已成为当今世界范围内主要的仲裁方式。我国国内各省、自治区、直辖市所设立的仲裁委员会，都是对国内民商事争议进行仲裁的常设机构。中国国际经济贸易仲裁委员会及其分会和中国海事仲裁委员会，是我国常设的对涉外经济贸易、运输和海事争议进行仲裁的涉外仲裁机构。

（2）临时仲裁机构仲裁，是指无固定的仲裁机构，而是由双方当事人根据仲裁协议，将其争议事项交给他们双方共同选定的一人或数人组成仲裁庭，对争议进行审理并作出裁决的一种仲裁制度。临时仲裁不依赖任何固定的常设仲裁机构或组织，仲裁庭是为审理案件而临时组成的，案件审理完，裁决作出，仲裁庭即解散。这种临时仲裁机构仲裁与固定的常设仲裁机构仲裁相比，其优点在于：仲裁当事人具有较大的自主性和较强的灵活性；仲裁费用低，具有较高的经济性。但是，由于临时仲裁没有统一的仲裁规则，仲裁程序不十分严格，缺乏必要的监督和管理，也就易于造成仲裁裁决的不公，影响仲裁裁决的效力。临时仲裁机构仲裁，当今世界只有很少国家适用。

5. 友好仲裁与依法仲裁

（1）友好仲裁是指仲裁机构根据双方当事人的合意授权，依公平原则对当事人之间的争议事项作出裁决的一种仲裁制度。但是，友好仲裁亦不能违背公共利益和强制性的规定。仲裁机构的仲裁员在仲裁案件时，是以"友好仲裁人"的身份，根据当事人的授权，以自己理解的忠诚处事原则进行仲裁活动。由于仲裁员是凭自己的理解进行仲裁，故所作的仲裁裁决就难免带有主观倾向性。在当今世界，只有西班牙等少数国家还保留和使用这种友好仲裁制度。

（2）依法仲裁是指仲裁庭必须根据法律，对当事人之间的争议事项进行仲裁的一种仲裁制度。依法仲裁要求仲裁所依据的法律，必须是特定的立法机关严格依照立法程序制定的。由于依法仲裁具有科学性与公平性，因而它更易为当事人所接受。依法仲裁是当前仲裁的主要表现形式。

二、仲裁组织构成

（一）仲裁协会

1. 仲裁协会的组成

中国仲裁协会实行会员制，各仲裁委员会是中国仲裁协会的会员。中国仲裁协会与仲裁委员会的关系主要体现在两个方面：第一，组织体与成员的关系。即中国仲裁协会采用会员制的组成方式，各仲裁委员会均系其成员。中国仲裁协会作为组织体，须有自己完善的组织机构，如权力机构，即全国会员大会，日常事务管理机构，即理事会和其他机构等。第二，监督与被监督关系。即中国仲裁协会依法有权对仲裁委员会及其组成人员、仲裁员的违纪行为进行监督。

2. 仲裁协会的职能

中国仲裁协会的职能主要体现为两点：首先，根据章程对仲裁委员会及其组成人员、仲裁员的违纪行为进行监督，这是中国仲裁协会作为行业自律性组织的性质所决定的；其次，根据仲裁法和民事诉讼法的有关规定制定仲裁规则。

除此之外，中国仲裁协会作为一家全国仲裁行业的自律性组织，还应指导、协调各仲裁委员会的工作，组织仲裁员交流仲裁经验，进行仲裁员业务培训，组织对仲裁相关理论问题与实践问题的研究和探讨活动，建立与加强和其他国家仲裁机构或者国际性仲裁机构之间的联系与交往，维护仲裁委员会及仲裁员的合法权益等。

尽管中国仲裁协会与仲裁委员会之间存在一定的关系，但是中国仲裁协会本身并不是仲裁机构，不得直接从事仲裁业务活动，也不得干涉具体的仲裁活动。

（二）仲裁机构

1. 仲裁机构的特征

（1）民间性。仲裁作为一种对当事人之间的商事争议进行审理并作出裁决的争议解决方式，已经被国际社会广泛接受，并得到相关国际条约和许多国家国内立法的认可。虽然，仲裁被确立为一种具有法律效力的争议解决方式，而且仲裁的结果——仲裁裁决具有与法院生效判决完全相同的效力，但是，仲裁的前提是当事人的意思自愿，这一点必然决定了仲裁的本质属性是民间性。因此，作为仲裁活动的组织者，仲裁机构也只能是民间性机构，其对争议案件的管辖权完全建立在双方当事人自愿达成的仲裁协议的基础上，没有任何强制的色彩。

（2）管理性。仲裁机构作为民间性争议解决机构，虽然不直接行使仲裁权，但是，为了保证当事人所提请的争议案件能得到顺利的解决，需要在各行各业中聘请符合仲裁法规定的仲裁员法定资格的优秀专业人士担任仲裁员，并对仲裁员进行适当的管理。此外，仲裁机构还应当管理其日常事务性工作，以保证仲裁机构各项工作的顺利进行，因此，仲裁机构具有管理性。

（3）服务性。仲裁机构本身对当事人依据仲裁协议提请仲裁的争议事项并不直接行使仲裁审理与裁决的权利，而只是行使仲裁管辖权接受当事人依据仲裁协议提出的仲裁申请，并在仲裁程序启动后协助当事人选定仲裁员组成仲裁庭，为仲裁活动的顺利进行提供场所以及相关事务上的服务，因此，仲裁机构具有明显的服务性。

2. 仲裁机构的设置

（1）仲裁机构设立于商会内。这是一种较为常见的仲裁机构设置方式，具体又可以分为三种情况：①只设一个全国性仲裁机构，不设分支机构；②设几个全国性仲裁机构，并各自设立分支机构；③不设立全国性仲裁机构，仅在一些城市的商会内设立仲裁机构。

（2）单独设立仲裁机构。具体有两种情况：①设立一个全国性仲裁机构，下设分支机构；②既设立全国性仲裁机构，又设立地方性仲裁机构。如我国既设立中国国际经济贸易仲裁委员会等全国性仲裁机构，又设立北京仲裁委员会、天津仲裁委员会等地方性仲裁机构。

（3）既设立单独的仲裁机构，又设立行业协会内的仲裁机构。如英国既设有伦敦国际仲裁院，同时又在伦敦谷物商业协会、伦敦糖业协会等专业机构、商会和贸易组织内设立行业性仲裁机构。

（4）设立多个互不隶属的仲裁机构，并设立全国性协调结构。如德国在汉堡、法兰克福等地设有多个仲裁机构，并在波恩设立全国性协调机构。

关于仲裁机构的设置程序，各国的做法也不尽相同，大体分为两种：①无须政府批准或者注册即可设立，如瑞典斯德哥尔摩商会仲裁院；②需要由政府批准或者注册方可设立，如日本国际商事仲裁协会由日本通产省批准设立。

（三）仲裁委员会

1. 仲裁委员会的设立与注销

（1）仲裁委员会的设立地点与设立主体。仲裁委员会可以在直辖市和省、自治区人民政府所在地的市设立，也可以根据需要在其他设区的市设立，不按行政区划层层设立。仲裁法之所以规定仲裁委员会设立于城市中，主要是因为民间性仲裁解决的是商事争议，而城市往往是商业贸易活动较为频繁而集中的地区。仲裁委员会由前款规定的市的人民政府组织有关部门和商会统一组建。根据国务院的有关规定，现由国务院法制局及人民政府法制局（办）主持承办仲裁委员会的设立工作。可见，设立于城市中的仲裁委员会，在其设立主体方面与通常由商会设立的仲裁机构有所不同。

（2）仲裁委员会的设立条件。

第一，有自己的名称、住所和章程。名称是仲裁委员会的符号，也是使仲裁委员会特定化并区别于其他仲裁委员会的标志，仲裁委员会的确定名称便于当事人行使协议选择权。根据国务院《重新组建仲裁机构方案》（1995 年 7 月 28 日发布）的规定，新组建的仲裁委员会的名称应当规范，一律在仲裁委员会之前冠以仲裁委员会所在市的地名。住所是仲裁委员会作为常设机构的固定地点，是其管理机构和办事机构所在地，也是其从事业务活动的固定地点。仲裁委员会的章程不仅是规定其宗旨、组成、机构并规范其行为的准则，而且也是社会了解其职能的依据。

第二，有必要的财产。设立仲裁委员会需要有办公场所、办公设备、交通工具、通信设施、办公经费等必要的财产，这是仲裁委员会进行仲裁活动的物质基础，也是维持仲裁委员会正常运作的必要物质条件。《重新组建仲裁机构方案》规定，仲裁委员会设立初期，其所在地的市人民政府应解决仲裁委员会的经费。随着仲裁事业的发展，仲裁委员会可以将其收取的仲裁费用中的一部分，用于仲裁委员会维持正常工作的开支，并应当逐步做到自收自支。

第三，有该委员会的组成人员。仲裁委员会的主任、副主任和委员由法律、经济贸易专家和有实际工作经验的人员担任。仲裁委员会的组成人员中，法律、经济贸易专家不得少于三分之二。在仲裁委员会组成人员中，驻会专职人员 1~2 人，其他组成人员均应当兼职。仲裁委员会组成人员名单应报中国仲裁协会备案。

第四，有聘任的仲裁员。仲裁员是当事人提请仲裁解决的争议案件的审理者与裁决者，仲裁委员会须聘任一定数量的符合法定条件的自然人担任其仲裁员，并按照所聘任仲裁员的专业特长制作仲裁员名册，供当事人选择，以便仲裁活动的顺利进行。

2. 仲裁委员会的内部职能机构

（1）办事机构。仲裁委员会下设办事机构，即秘书处，设秘书长 1 人，可以由驻会专职组成人员兼任。秘书长负责办事机构的日常工作，并由仲裁委员会主任会议本着精简、高效的原则，择优聘用思想品质和业务素质良好的工作人员。由于办事机构具体代表仲裁委员会处理一般性日常事务，是案件当事人与仲裁员之间的桥梁与纽带。因此，办事机构的工作人员，即秘书应严格按照法律规定和仲裁规则规定的程序与要求办事，严格遵守保密制度，不得向外界透露任何有关案件的实体和程序的情况，更不得向当事人透露仲裁庭合议案件的情况。为了保证仲裁的公正性，秘书人员不得担任兼职律师或者法律顾问。办事机构的主要职责包括：具体办理案件受理、仲裁文书送达、档案管理等程序性事务；收取和管理仲裁费用；办理仲裁委员会交办的其他事务。此外，对合议庭的所有合议及庭审进行记录、核对裁决书也是办事机构职责的一部分。

（2）专家咨询机构。专家咨询机构一般称为专家咨询委员会，对仲裁委员会有着极其重要的作用。仲裁委员会可以根据需要设立专家咨询委员会，并在其组成人员或者仲裁员中聘任若干名专家组成专家咨询委员会。专家咨询委员会设负责人1人，由仲裁委员会副主任兼任，具体人选由仲裁委员会会议决定。专家咨询委员会的成员均为兼职。专家咨询委员会的主要职责是为仲裁委员会和仲裁员提供对疑难问题的咨询意见。但是，专家咨询委员会不得干预仲裁庭行使仲裁权，其对具体仲裁案件的程序问题或者实体问题经过研究所提供的咨询意见，只能供仲裁庭参考，并不对仲裁庭产生约束力。此外，从仲裁实践来看，专家咨询委员会通常还在如下方面发挥重要作用：组织仲裁员交流经验，对仲裁委员会的发展提出建议，对仲裁规则的修改提出建议等。

（3）其他机构。仲裁委员会需要设立哪些其他机构，我国仲裁法并未作出明确的规定。从我国的仲裁实践来看，一般来说，仲裁委员会只要有了上述内部机构即可开展正常的活动。但是，随着仲裁事业的发展，仲裁委员会自身以及与社会的关系变得越来越复杂，仲裁委员会也需要建立一些新的内部机构。例如：随着仲裁委员会受理案件数量的急剧增加，仲裁委员会不仅要求增加仲裁员的数量，而且要对仲裁员的行为进行评价，对仲裁员的聘任及管理工作量势必增大，这就需要一个仲裁员的资格审查与奖惩机构；为了不断总结仲裁经验，提高仲裁水平，提升仲裁委员会的社会声誉，势必需要设立案例与相关资料的编辑机构；随着仲裁委员会设立时间的逐渐延长，仲裁案件的档案管理日益重要而突出，这就使档案管理机构的设立成为必要；等等。

第四节 《消费者权益保护法》与侵权责任

一、《消费者权益保护法》

（一）《消费者权益保护法》的概念及特征

1.《消费者权益保护法》具有突出的综合性

（1）从《消费者权益保护法》调整的社会关系看，其除了调整消费者与经营者的消费法律关系外，还调整平等的交易主体——经营者与经营者之间的竞争关系，还调整不平等主体国家机关与经营者之间的经济管理与被管理关系。从这些社会关系的内容看，既包括合同关系，如实际提供的商品和服务与宣传的不符产生的违约关系，也包括侵权关系，如对消费者进行侮辱、诽谤、非法搜查、限制人身自由产生的损害赔偿等关系。

（2）从《消费者权益保护法》规定的内容看，既包括消费者的权利、经营者的义务、有关行政机关及消费者组织保护消费者的职责等实体性内容，也包括消费争议的解决途径等程序性内容。因此，《消费者权益保护法》既是实体法，又是程序法。

（3）从对违法经营者的法律制裁的规定看，经营者不履行法定义务给消费者造成损害的，不仅要追究其民事责任，而且还要对其给予行政制裁，情节严重、构成犯罪的，还要追究其刑事责任。

2.《消费者权益保护法》保护的对象是消费者的权益

"消费者问题已经成为社会发展的一个重大社会问题，消费者权益关系到社会每一个人的权益，关系到经济的发展，社会的稳定。"[①]《消费者权益保护法》保护的对象是消费者的权益，这是《消费者权益保护法》区别于其他法律规范的根本特征。《消费者权益保护法》首先明确地赋予消费者各项权利，然后通过规定经营者的义务，国家立法机关、行政机关、司法机关以及仲裁机构和消费者组织在保护消费者合法权益方面的职责，以及规定对侵害消费者合法权益的行为的制裁手段和惩罚措施达到保护消费者合法权益的目的。

消费者权益包括消费者的人身权、财产权、受教育权以及政治权利。人身权指包括生命健康权、人格权等在消费过程中不受非法侵害的权利；财产权指消费者在消费过程中其合法的财产权利不受侵害的权利；受教育权是消费者依法享有获得有关消费知识和消费保护知识的权利；政治权利是指批评、建议权和检举、控告权以及结社权。因此，凡以消费者权益作为保护对象的法律规范都属于消费者权益保护法的范畴，相反，与消费者权益保护无关的法律规范则不属于消费者权益保护法的范畴。

（二）《消费者权益保护法》的基本原则

1. 对消费者给予特殊保护的原则

（1）在消费法律关系中，双方当事人的地位是不平等的。从民事法律关系角度讲，消费者和经营者作为交易双方当事人，其地位是平等的。但是，为满足个人生活需要而以购买、使用商品或接受服务等方式进行消费的消费者，通常都是以自然人个体的形式出现的，可是其所面对的一般都是具有健全的组织机构、雄厚的经济实力、丰富的产品知识并掌握更多交易主动权的经营者。在这种情况下，消费者赖以消费的各种信息，诸如商品、

[①]滕松，张颖. 论消费者权益保护 [J]. 辽宁行政学院学报，2007，9（3）：30-31.

服务的基本知识、价值、使用方式、防止危险的方式等大多需要经营者提供，因此，在消费信息的占有上，经营者是优于消费者的。此外，随着社会化大生产的发展及行业垄断的形成，消费者自主选择和讨价还价余地的丧失，使消费者的劣势地位更加突出，在消费过程中受经营者侵害的可能性更大。所以，在市场经济条件下，对消费者给予特别保护是十分必要的。

（2）消费者与经营者追求的利益形态不同。消费者对商品或服务的消费是商品或服务在整个流通过程中的最后环节。因此，消费者消费的目的并不是追求经济利益，而是为了维持自身的生存和发展，其消费过程就是劳动力的生产和再生产过程。消费者所追求的最高利益就是在消费过程中充分享有生命健康权，生命健康权一旦受到损害，对消费者本人来说是无法补救的。而经营者从事经营活动是为了营利，即以尽可能少的劳动和物质消耗获取尽可能大的经济效益。因此，经营者所追求的最高目标是经济利益。经济利益受损虽然也会间接影响经营者的生存，但其完全可以通过参加保险、获得社会救济或者通过其自己的再创造得到补救。由此看来，消费者与经营者所追求的利益形态差异巨大，所以，对消费者应给予特别保护。

2. 国家干预及社会参与的原则

第一，国家立法机关及行政机关需要制定各种法律规范，使消费者有法可依。

第二，国家需要设立各种一般的和专门的消费者保护行政机构，并支持消费者保护团体的组织与活动，受理消费者的申诉和投诉，维护消费者合法权益并支持消费者维护自身合法权益的行为，制裁违法经营行为，促使经营者合法经营。

第三，国家需要加强消费者保护的行政执法和建立完善的消费者保护的诉讼制度，使消费者受到不法侵害时能得到及时、有效的行政救济和司法救济。

第四，国家需要通过各种途径和手段，传播、普及消费者信息和消费知识及消费者权益保护法律知识，提高消费者对商品和服务的识别能力，提高消费者的自我保护意识和自我保护能力。

消费者权益保护除需要国家必要的适度干预外，也是全社会的共同职责。消费者权益从消费者本身来看属于私权范畴，但是从维护整个市场经济秩序正常运行的角度看，它属于公权范畴。因此，无论从维护消费者个人利益还是维护全社会整体利益来看，消费者权益保护都离不开全社会的共同参与。各类社会团体，特别是消费者团体应当旗帜鲜明地站在消费者立场上，对与消费者利益密切相关的各类经济活动进行监督。各类新闻媒体更是宣传消费知识、消费者权益保护法律知识以及对经营者实施有效监督的主力军，通过传媒特有的优势，对不法经营行为和侵害消费者权益的行为进行揭露、曝光、批评。既可以警示消费者加强警觉，使其免受侵害，又可以震慑不法经营者，使其规范经营，加强自律，为消费者提供更好的商品和服务。

二、侵犯消费者权益的法律责任

（一）侵犯消费者权益的民事责任

1. 人身损害的民事责任

（1）经营者提供商品或者服务，造成消费者或者其他受害人人身伤害的，应承担赔偿四种费用：①医疗费。消费者诊治伤害所支出的各项费用，包括检查费、处置费、医药费、手术费、住院费等。这些费用以负责治疗的医院所开具的诊断证明和收费单据为准。受害人自己擅自找人开出的证明以及与受损害无关的其他医疗费不包括在内。②治疗期间的护理费。受害人因伤害严重，生活不能自理而必须由专人护理所支付的费用。受害人是否需要专门护理，由负责治疗的医院决定，而且护理人员只限 1 人。③因误工减少的收入。受害人因伤不能正常上班或不能参加劳动而得不到的收入，包括得不到的工资、奖金、津贴等。④其他合理费用。包括必要的为恢复身体所需的营养费，合理的交通费等。

（2）经营者提供商品或服务造成消费者或其他人残疾的，除应赔偿上述费用外，还应支付四项费用：①残疾者生活自助具费。受害者伤害严重，某器官功能永久性丧失，必须借助辅助性器具生活所需的费用，如轮椅、助听器等。②生活补助费。这笔费用是指因残疾而丧失或减弱劳动能力使收入减少到不足以维持基本生活，或完全没有收入，为使其达到当地普通人最低生活标准所补偿的费用。③残疾赔偿金。因致残而必须支付的精神抚慰金，这是针对受害人本人或其家属的。④由受害人扶养的人必需的生活费。这是指依靠受害人实际扶养的没有其他生活来源的人生活所必需的费用。受扶养人包括无劳动能力和丧失劳动能力的未成年人、成年人及老年人。

（3）经营者提供商品或者服务，造成消费者或其他人死亡的，应支付三项费用：①丧葬费。安葬死者所需的合理费用。②死亡赔偿金。包括对死者亲属支付的精神抚慰金。③由死者生前扶养的人所必需的生活费。

（4）经营者违反《消费者权益保护法》的规定，侵害消费者的人格尊严、侵犯消费者人身自由或者侵害消费者个人信息依法得到保护的权利的，应承担五项责任：①停止侵害。如果经营者的侵害行为正在继续中，如正在限制消费者的人身自由，应当立即停止侵害，以避免造成更大的损害。②恢复名誉。如果因经营者的侵权行为致使消费者的人格形象及人体特征形象受到贬损，经营者应当采取有效措施使其得到恢复。③消除影响。如果

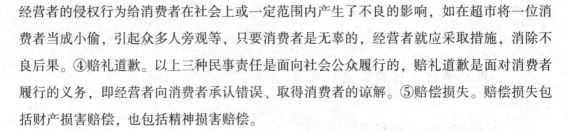

经营者的侵权行为给消费者在社会上或一定范围内产生了不良的影响，如在超市将一位消费者当成小偷，引起众多人旁观等，只要消费者是无辜的，经营者就应采取措施，消除不良后果。④赔礼道歉。以上三种民事责任是面向社会公众履行的，赔礼道歉是面对消费者履行的义务，即经营者向消费者承认错误、取得消费者的谅解。⑤赔偿损失。赔偿损失包括财产损害赔偿，也包括精神损害赔偿。

2. 财产损害的民事责任

（1）修理。经营者对其提供的有瑕疵的商品，经修理可以保证不影响其使用价值的，应当给予修理。修理费用视经营者是否超过责任期限来决定由经营者还是由消费者承担。

（2）重作。对加工定作物不符合约定标准的，经修理不能使用而重新依消费者要求制作。

（3）更换。经营者提供的商品不符合其表明的质量、性能保证，但符合法定换货条件的，应根据消费者的要求调换同型号、同规格商品。

（4）退货。经营者提供的商品不符合规定或约定标准，无法修理、重作、更换，或经修理、重作、更换仍达不到合格要求的，应退回商品，返还货款。

（5）补足商品数量。如果经营者提供的商品数量不足，应补足差额部分。

（6）退还货款和服务费用。经营者提供的商品或服务不符合约定或规定，或者没有提供而已收取货款或服务费，应当依法退还。

（7）赔偿损失。经营者在提供商品或服务过程中使消费者遭受直接和间接财产损失的，应依法赔偿，赔偿时视是否存在主观恶意，决定是赔偿实际损失还是加倍赔偿。

（二）侵犯消费者权益的刑事责任

1. 假冒注册商标罪

（1）违法经营数额较大。

（2）违法所得额较大。

（3）假冒他人注册商标屡教不改的。

（4）与假冒商标者通谋为其提供制造、销售、使用、仓储、运输、邮寄、隐藏等便利，情节恶劣的。

（5）假冒他人已注册的人用药品商标。

（6）利用贿赂等方法推销假冒商标商品的。

（7）假冒商标造成人身伤害或者给工农业生产带来严重损失的。

（8）造成严重社会影响、国际影响的。

（9）对他人注册商标信誉造成严重危害或者给国家、集体或个人利益造成严重损害的。

（10）其他情节恶劣，后果严重，影响极坏的。在主观方面，假冒商标罪为故意犯罪，即行为人明知该标志为他人已注册商标标志，仍然在相同商品上使用该标志。

假冒商标罪侵犯的客体是他人注册商标专用权和国家商标管理秩序。根据《刑法》第二百一十三条的规定，犯本罪，情节严重，处三年以下有期徒刑，并处或者单处罚金；情节特别严重的，处三年以上十年以下有期徒刑，并处罚金。

2. 非法制造、销售非法制造的注册商标标识罪

（1）非法获利较大，单位非法获利1万~2万元，个人非法获利2000~5000元，视为获利较大。

（2）非法印制数量较大，单位伪造擅自制造2万~5万件（套），个人5000件~1万件（套）的，视为数量较大。

（3）经过多次行政处罚，仍不悔改的。

（4）为他人生产、销售伪劣商品提供了有利的条件，或对商标权人或消费者造成重大经济损失的。

（5）制造、销售、仓储、运输、邮寄、隐匿形成"一条龙"犯罪集团的。

（6）制售他人药品商标标识的。

（7）造成严重社会影响、国际影响的。

（8）利用商业贿赂推销的。

（9）其他情节恶劣、后果严重的。

根据《刑法》第二百一十五条的规定，对非法制造、销售非法制造的注册商标标识，情节严重的行为，处三年以下有期徒刑，并处或者单处罚金；情节特别严重的，处三年以上七年以下有期徒刑，并处罚金。

3. 销售假冒注册商标的商品罪

销售假冒注册商标的商品罪，是指销售明知商品是假冒注册商标的商品，违法所得数额较大或者有其他严重情节的行为。销售假冒注册商标的商品罪的主体、客体方面与假冒注册商标罪和制售非法制造的注册商标标识罪相同，但客观方面与上述两罪不同，即犯罪主体必须有销售假冒注册商标的商品行为。所谓假冒注册商标的商品，是指使用与他人注册商标相同标志的商品。此外，构成本罪也以情节严重为条件，情节不严重不为犯罪。在主观方面，本罪的构成要求行为人明确知道其销售的商品非法使用了他人的注册商标，即

明知销售的商品非法使用了他人的注册商标仍予以销售。过失销售假冒注册商标的商品的，不构成犯罪。

《刑法》第二百一十四条规定，违法所得数额较大或者有其他严重情节的，处三年以下有期徒刑，并处或单处罚金；违法所得数额巨大或者有其他特别严重情节的，处三年以上十年以下有期徒刑，并处罚金。

4. 生产、销售伪劣产品罪

生产、销售伪劣产品，是指生产者、销售者在产品中掺杂、掺假，以假充真，以次充好或以不合格产品冒充合格产品的行为。生产、销售伪劣产品罪，是指经营者在经营活动中，生产、销售伪劣产品，情节严重，构成犯罪的行为。生产、销售伪劣产品罪以违法销售金额的大小作为认定是否构成犯罪的标准。根据《刑法》第一百四十条的规定，生产、销售伪劣产品罪以违法销售金额五万元为起点，销售金额不满五万元的，不构成犯罪。违法销售金额在五万元以上不满二十万元的，处二年以下有期徒刑或者拘役，并处或者单处销售金额50%以上2倍以下的罚金；销售金额二十万元以上不满五十万元的，处二年以上七年以下有期徒刑，并处销售金额50%以上2倍以下的罚金；销售金额五十万元以上不满二百万元的，处七年以上有期徒刑，并处销售金额50%以上2倍以下的罚金；销售金额二百万元以上的，处十五年以上有期徒刑或者无期徒刑，并处销售金额50%以上2倍以下的罚金或者没收财产。

5. 生产、销售、提供假药罪

根据《中华人民共和国药品管理法》（以下简称《药物管理法》）的规定，所谓假药，包括两种情况：①纯粹的假药，包括药品中所含成分与国家药品标准规定的成分不符，或以非药品冒充药品或以他种药品冒充此种药品；②按假药处理的药品，包括国务院药品监督管理部门禁止使用的药品，依照该法必须批准而未经批准生产、进口，或者依照该法必须检验而未经检验即销售的，使用依照该法必须取得批准文号而未取得批准文号的原料药生产的，变质的药品，所标明的适应证或者功能主治超出规定范围的药品（《药品管理法》第四十八条）。生产、销售假药罪，是指生产、销售假药，构成犯罪的行为。根据《刑法》第一百四十一条第一款规定，生产、销售假药构成犯罪的，处三年以下有期徒刑或者拘役，并处罚金；对人体健康造成严重危害或者有其他严重情节的，处三年以上十年以下有期徒刑，并处罚金；致人死亡或者有其他特别严重情节的，处十年以上有期徒刑、无期徒刑或者死刑，并处罚金或者没收财产。

第五章 城市经济发展实践

第一节 城市化与城市体系

一、城市与城市集聚经济

(一) 城市的定义

从历史上看，城市一般都是一定地区的贸易市场和货物集散地。近现代城市更多地成为社会经济综合体，是在一定地域内集中的经济实体、社会实体和物质实体这三者的有机统一体。

把古代、近代和现代城市进行抽象，从社会经济研究的需要出发，给城市下一个定义：城市是生产力发展到一定阶段的产物，是生产要素集约化和业态多样化的社会有机体，是区域经济、政治、科学技术和文化教育发展的中心。

(二) 城市集聚经济

城市经济的本质特征就在于它的空间集聚性，因此，集聚经济是城市经济学中的一个核心概念，城市集聚经济是城市形成和发展的基本力量。

集聚经济是由于把生产按某种规模集聚在同一地点进行，因而给生产或销售带来的利益或节约。可见，集聚经济与规模经济有关，强调工业企业在空间上的规模化。根据这个理论，集聚分为两个阶段：低次阶段与高次阶段。在低次阶段，单纯是由企业经营规模扩大而带来的生产集聚，即所有具有自足完整组织的大规模经营。几种经营的局部性集结定义为高次集聚。高次阶段的集聚主要就是扩充大规模经营的利益，也就是在一定地区范围内同类或不同类企业的集中构成的总生产规模的扩大。显然，集聚经济是与厂商规模和集中相联系的内部经济和外部经济。

由此可见，从更广泛的意义上说，与专业化经济相联系的规模经济利益和与多样化经济相关联的范围经济利益是集聚经济内涵中缺一不可的两个方面。确切地讲，集聚经济就是一种通过规模经济和范围经济的获得来提高效率和降低成本的系统力量。

1. 集聚经济的本质

集聚经济与规模经济、范围经济和外部经济的概念密切相关。弄清它们之间的关系，对集聚经济性质的认识是至关重要的。

（1）集聚经济与规模经济。集聚经济与规模经济是一组可相互替代的概念。但这里集聚经济总是就外部规模经济而言的，至于内部规模经济与集聚经济之间的关系，一直存在争议。

规模经济一般指随生产能力的扩大，单位成本下降的趋势。内部和外部两种不同的规模经济的区别在于观察规模经济的不同出发点。可区分出三个层次的规模经济，就任何一种产业来说，都包含：①单个工厂（或商店等）的规模决定的经济；②单个公司的规模决定的经济；③产业在某个区位的集聚规模决定的经济。在规模经济三个层次上，集聚利益都可以换之为规模利益。这种规模利益，或是通过企业规模扩大及专业化带来的经济活动中的成本节约或是通过企业经营领域的延伸所带来的成本节约，而生产要素集聚只不过是实现规模经济利益的地理手段。

（2）集聚经济与范围经济。范围经济是一个与多样化经济相联系的概念，通常是指企业在同时经营多种事业时所产生的一种效果。与规模经济一样，范围经济也有内部范围经济与外部范围经济的区别。前者指同一企业内部生产或经营多样化产品而带来的成本节约，它意味着垂直一体化的企业内部分工深化。后者则指企业因事业领域或经营区域的广泛而获得的经济利益。在这种情况下，产业组织是垂直分离或纵向分化的，专业化的企业之间通过外部交易网络，共同完成生产经营活动。

（3）范围经济与规模经济。范围经济与规模经济既相互联系，又相互区别。两者的相互联系，主要表现在两方面：一是共存性。在一个企业追求范围经济利益中，并不排斥规模的作用，反之亦然。二是相容性。在一些场合，这两种概念是相互包容的。比如，产出规模的扩张过程包容着经营领域的拓展，同样，扩大事业范围也同时浸透着规模经济。

共存性和包容性使企业有了同时享受两种经济利益的可能。区别规模经济与范围经济有时很困难，然而，范围经济与产业规模扩大的结果所带来的规模经济毕竟是完全不同的两个概念。

综上所述，集聚经济本质上是一种外部经济。从集聚经济的性质上看，它不仅是一种外部规模经济，而且还是一种外部范围经济。因此，确切地说，集聚经济是由集聚规模经济（外部规模经济）和集聚范围经济（外部范围经济）共同作用而形成的一种复合经济。

2. 城市集聚经济的作用

城市集聚经济能产生城市的"集聚效应"，它是指社会经济活动因空间集聚所产生的各种影响或经济效果。从本质上看，外部经济是城市经济系统的"集聚效应"的一种典型表现形式或实现方式。但是，我们看到城市集聚所产生的集聚效应是一种全方位的外部经济效应，是现代城市释放出的巨大能量，又是现代城市发展和城市化发展的重要动力。因此，有必要对城市集聚经济产生的外部效应展开来进行系统的分析。

（1）近邻效应。城市集聚最直接、最明显的外部效应是近邻效应。它是在城市经济活动中，企业之间、部门之间的空间关系对其发展所产生的影响，是经济活动集中于城市地区时所带来的经济性。大致可以分为以下三个方面。

第一，共享经济利益。共享经济利益是指集聚在一定区位上的企业，由于共同利用公共产品和公共服务获得的外部经济利益。

第二，劳动力市场经济利益。城市集聚提高了劳动力市场的效率。企业区位上相互靠近，可以形成共同劳动力市场。

第三，信息经济利益。集聚的另一个益处是这种集聚为系统中各企业的发展提供更加有利的外部经济条件的同时，也促进信息交流及技术的推广和扩散。

（2）分工效应。城市集聚过程中的分工效应是指几乎任何区位单位集聚在一起都能享受专业化分工的好处，如服务上的社会化、生产分工上的协作等，这就是分工效应。经济发展被看作生产方式变革的结果，而分工和专业化的发展是这种变革的主要特征。自亚当·斯密以来，经济学家对分工和专业化的好处或它们的经济性作了不少论述，归结起来，大致可以表述为，专业化程度的提高可以较之采用专业化生产方式以前能带来生产效率的提高或生产资源的节约。

（3）结构效应。结构效应，是指集聚要素的集聚方式及要素之间的聚合程度对城市集聚的作用。它具体可以分为结构关联效应、结构成长效应和结构开放效应三个方面，具体如下。

第一，结构关联效应，是城市产业联系方式及产业部门之间相互联系状况对城市集聚质量的影响。

第二，结构成长效应，实质上是资源流向生产率更高部门的再配置效应。

第三，结构开放效应，指城市时刻处于与外界进行物质、能量、信息的交换和流动中。

（4）规模效应。规模经济是城市集聚经济的主要源泉。它既包括生产力方面的利益，

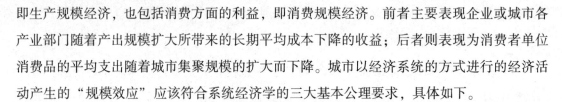

即生产规模经济，也包括消费方面的利益，即消费规模经济。前者主要表现企业或城市各产业部门随着产出规模扩大所带来的长期平均成本下降的收益；后者则表现为消费者单位消费品的平均支出随着城市集聚规模的扩大而下降。城市以经济系统的方式进行的经济活动产生的"规模效应"应该符合系统经济学的三大基本公理要求，具体如下。

第一，经济活动的广义代价趋于最小可能值（最优经济原理）。

第二，经济系统的社会福利水平趋于最大可能值（社会福利原理）。

第三，经济系统的持续发展指标和耦合度指标不减（持续发展原理）。

（5）洼地效应。城市，作为区域的中心地，由于城市区域之间的互相依存关系在地理空间上客观存在着洼地效应，也称为城市场效应。从统计学的观点看，中心城市对周围地区的作用力呈现距离衰减规律，即距离城市越近，场效应越强；反之亦然。

城市集聚过程中洼地效应的存在首先源于城市的市场功能。从历史上看，城市的产生要么是因"市"而"城"，要么是因"城"而"市"，并通过两者的结合而产生的。这就是为什么"城"与"市"总是联系在一起的理由所在。所以，城市往往就是市场，或者说，城市里的市场因素远大于农村。

二、城市化机制与城市化发展

城市化是人类历史长河中的一个必然过程。它同工业化一起推动经济发展重心从乡村转移到城市，促进城市在数量上急剧扩张，在质量上不断提高，从而改变了经济发展的空间方向和基本方式。

（一）城市化的内涵

对城市化的内涵和本质的认识，不同的学科有不同的见解，意见并不统一。从经济学角度上说，城市化具有如下方面的内涵。

第一，城市化是城市人口比重不断提高的过程。城市化首先表现为大批乡村人口进入城市，城市人口在总人口中的比重逐步提高。

第二，城市化是产业结构转变的过程。随着城市化的推进，使原来从事传统低效的第一产业的劳动力转向从事现代高效的第二、三产业，产业结构逐步升级转换，国家创造财富的能力不断提高。

第三，城市化是居民收入水平不断提高的过程。城市是高消费群体聚集所在。城市化使大批低收入居民群体转变为高收入居民群体，因此城市化过程是一个市场不断扩张、对投资者吸引力不断增强的过程，是越来越多的国民在发展中享受到实惠的过程，也是一国中产阶级形成并占主体的过程。

第四，城市化是一个城市文明不断发展并向广大农村渗透和传播的过程。城市化的过程也是农村和农民的生产方式和生活方式文明程度不断提高、不断现代化的过程，也就是城乡一体化的过程。

从城市化的生成机理上看，城市化是一个复杂的社会经济过程的特征表现得更为明显。作为社会现代化重要标志的城市化的发展受经济、社会、政治和文化等诸多因素的影响。在诸多影响城市化发展的因素中产业结构的非农化转换，经济要素在不同产业及地域间的流动，相关的制度安排与创新是影响乃至决定城市化发展的关键要素之所在，它们的共同作用形成了城市化的生成机制。在这三者之中与城市发展相关的制度安排与变迁是一个内生变量，这种制度安排不仅直接反映在一个国家或地区的城市发展政策上，而且还会通过产业结构转换制度安排和经济要素流动制度安排，或促进或延缓或阻碍城市化进程。缺乏必要的或有效的制度安排与变迁，即使发生了产业结构变迁、经济要素流动，也可能出现诸如"无城市化的工业化""非城市化的非农化"现象。因此，从这个意义上说，相关的制度安排与变迁可以视为影响或决定城市化因素的基础性因素。

由此可见，城市化过程所涉及的领域和包含的内容是多元化的，它不仅包括人口城市化，也包括非农产业城市化，还包括空间和生活方式的城市化。城市化是所有要素动态地相互作用的必然结果。

（二）城市化的动力机制

在一个国家或地区由传统经济向现代化迈进的进程中必然会出现产业结构的转换。早在 17 世纪中叶，英国古典政治经济学的创始人威廉·配第在分析英国、荷兰等地农业、工业和商业活动时就发现了工业的收益高于农业，而商业的收益又高于工业，并且指出这种不同产业比较利益的差异会驱使劳动力从农业部门流向非农业部门。亚当·斯密也发现另一种生产要素资本在不同产业中的投资顺序，他指出，根据事物的自然发展趋势，在任何经济发展过程中的社会资本，其大部分首先是投向农业，其次投向制造业，最后投向国际贸易。后来的许多经济学家如美国的库茨涅兹、德国的 W. 霍夫曼、日本的筱原三代平等人均对产业发展及结构转换趋势做了深入研究，其中最著名的当推英国经济学家柯林·克拉克，他在威廉·配第研究的基础上将产业结构演变规律系统化并以三次产业分类法作为基础，形成了配第—克拉克定理。

克拉克收集、整理了不同国家按年代推移劳动力在第一次、第二次、第三次产业之间流动的资料，得出著名结论：随着经济的发展，即随着人均国民收入的提高，劳动力首先由第一次产业向第二次产业转移。当人均国民收入水平进一步提高时，劳动力便向第三次产业转移。劳动力在三次产业间分布的趋势是，随着经济的发展，第一次产业劳动力比重逐步减少，第二次、第三次产业的劳动力比重相应增加。与此同时，随着劳动力在不同产业间的转移，劳动力在空间上也实现了转移。产业转移主要体现为从传统产业向现代产业、从农业向非农产业的转移；结构的演进导致了经济的非农化、工业化和服务化，产业空间布局的转移导致了人口定居方式的聚居化、规模化和城市化。

产业结构变革是城市化的主线之一，城市化过程就是产业结构不断由低层次向高层次演进的伴生发展过程。产业结构的非农化导致劳动力和人口的城市化，原因是农业区别于非农产业的最大特点是农业因依附于土地而分散经营，而近现代工业的特点是使用机器大工业的大规模的集中生产，产业革命必然导致生产规模的扩大和生产的集中或集聚，从而导致就业结构的空间转移和集中。城市的主要特点是集中，集中能产生规模效益。城市化正好适应了工业化的要求，能产生集聚效益和规模效益，第三产业也只有在第二产业及人口集聚到一定规模后才满足其成为规模发展的"门槛条件"，城市从而成为非农产业的空间载体。

产业结构的非农化必然导致社区制度安排的创新，即农村城市化。从经济发展的角度来说，作为一种自发性的制度安排，城市的形成与发展和三个原因有关：①比较优势的存在使不同地区间的贸易有利可图；而这种贸易会导致商业城市的发展。②生产的内部规模经济使多个厂商的生产效益高于单个厂商独立生产的效益，从而导致工业城市的发展。③产品生产和市场营销的集聚经济使厂商向城市集中，从而引起城市的发展。这三个原因都直接或间接地产生于工业的发展。各国经济发展史业已表明城市化是工业化发展进程中必然伴生的社会现象，城市化发展速度与水平和工业化发展速度及进程密切相关。

空间转移则主要体现为由分散到集中，由农村流向城市。产业结构变革是城市化的动力机制，但并不意味着三次产业在城市形成和发展进程中起着同等重要的作用。农业在城市化进程中的作用主要体现在以下两个方面。

第一，农业生产率的提高和农业剩余的产生是城市化的前提条件和基础。这里的农业剩余是广义的农业剩余，既包括农业劳动和资本等的剩余，也包括农产品的剩余。农业资本的剩余为工业化提供最初的原始资本积累，农业劳动剩余为工业化提供必要的劳动力，农业产品的剩余提供非农业人口生活消费所必需的食品和工业生产所需要的原料。可见，农业是城市化的孕育产业。这里需要指出的是，农业通常不是被动地为工业化和城市化提供资本和劳动力。在市场经济中，农业要素剩余会产生流向非农产业和城市的推力和动力。

第二，农业剩余的产生使经常性的交换和社会分工成为可能，它在向工业提供产品贡献和要素贡献的同时，还为工业发展提供市场贡献和外汇贡献。市场贡献指农业人口对非农业产品的需求是本国工业品市场的主要或重要组成部分，外汇贡献指农产品出口可以为工业的发展换回进口国外技术设备所必需的外汇。如果说农业的发展是城市化的基础和前提，那么，工业化则是城市化的发动机。工业化是产业革命的产物，以机器大生产为标志的产业革命要求生产集中地、大规模地进行，导致生产的社会分工精细，同时也对相互协作提出了更高的要求，从而导致劳动力、人口和市场等的集中，最初的单个工厂迅速发展成为连片的城市，并不断扩大规模。尤其是在工业化前期，工业化是城市化的主动力。换言之，工业化是城市化早期进程的主动力。

第三，产业在城市化进程中的作用随着工业化进程的推进而不同。在工业化前期，它适应工业的发展需要而产生、发展。如果说这时的第三产业发展在城市化发展中所起的作用是工业化的陪衬和补充力量，那么在工业化完成后，或在所谓后工业化社会发展业已上升为城市化进一步发展、完善（向更高层次发展）的主角产业和后劲力量之所在。例如，在发达国家，发达的通信、信息产业使城市化由集中式的发展型城市化向分散式的发达型城市化发展。

（三）城市化的发展阶段与形式

城市化是人类社会的一种普遍现象，它有其自身的内在发展规律，而这种规律是由一系列相互联系的规律体系组成的，忽视城市化规律体系的完整性或结构特征，在实际工作中就有可能误导城市化发展。城市化规律是由时间、空间、质态和量态四个维度构成的体系。

从时间维度上看，城市化规律表现为城乡人口随着工业化进程发展的有序变化和呈现出来的阶段性特征，经济学家称之为城市化阶段。

城市的出现与城市化是不同的概念。城市化起始于18世纪后半叶英国产业革命时期，自此以后城市才逐渐成为社会经济生活的中心和主导，城市才在质和量上得到了迅猛发展。英国学者范登堡对英国等国的城市化进行研究，得出结论：城市化是阶段性发展的。他依据经济结构变化的三个阶段——农业社会过渡到工业社会、工业经济过渡到第三产业经济、第三产业部门的进一步成熟，将城市化划分为三个阶段城市化、市郊化、逆城市化与内域的分散。

第一阶段是指典型的城市化阶段，工业化迅猛发展，城市数量增加迅速，社会经济活动明显向城市集中，尤其是向大城市集中。集中性是该阶段最重要的特征。第二阶段是指城市性质的外延和扩散阶段。城市的经济活动和性质向城市郊区和农村地区延伸，重点是城市质量的提高。分散性是该阶段的重要特征。第三阶段是指居民和厂商离开市中心，选择自然性质充分的地区居住和生活，从而使市中心衰败下去的一种趋势。这是社会生产力高度发达的结果，富裕阶层的人们追求环境品质所致。

城市化的三种形态在现实生活中很有可能交织出现，但在一定时期内总有一种城市化形态占主导地位。依据占主导地位的城市化形态将城市化分为集中型城市化、分散型城市化和逆城市化三个阶段有一定的道理。

城市化过程要经历发生、发展、成熟三个阶段。然而，不管城市化阶段如何划分，城市化的阶段性规律却不是人为的，它是城市化的内在发展规律。这是因为，首先，城市化与工业化是相伴随的。工业化促进了分工和协作，在利益机制的引导下厂商为获得聚集经济效益和规模经济效益向条件优越的区域集中，纷纷涌入大城市，人口也大量涌进城市寻找工作机会，以求得较好的收益和生活质量。其次，从科技发展情况来看，城市化初期，由于科学不发达，生产技术、交通运输、通信事业还处于低级阶段，人们为了节省生产成本、流通成本和生活费用，必然集中到有利的大城市和中心城市。只有科技发达了，能提供现代化的交通通信条件，使分工和协作可在较大空间范围内进行了，人口和产业才有分散趋势。最后，在城市化后期，已步入富裕社会，大多数居民都有一个较为稳定、颇为丰厚的收入来源，追求高水准的闲暇、舒适和环境品质成为一种新的价值观。同时，雄厚的经济基础和物质技术力量也为人们的这种追求提供了现实可能性，如快速的运输工具和道路系统、便捷的通信设施等，于是出现了所谓的逆城市化现象。

城市化阶段性发展的特点反映了一个普遍的规律，那就是一国的城市化与它的经济发展水平是相适应的，是双向互促的关系。根据大量的资料分析，城市化水平与国民生产总值（GNP）的人均占有量呈正相关关系。也就是说，在其他条件大致相同的情况下，城市化水平高的国家或地区，其人均 GNP 数量也较高。但是，城市化水平的提高与人均 GNP 的增长之间的关系，并不是一种单向的决定关系，而是一种相辅相成、互促互进的双向因果关系。我们既可以说人均 GNP 随着城市化水平的提高而增长，又可以说城市化水平随着人均 GNP 的增长而提高。

总之，人为地超越城市化阶段或滞后于城市化阶段，出现所谓的过渡性城市化或滞后性城市化都是不符合城市化发展的阶段性规律的。

三、城镇体系与中心城市

所谓城镇体系，是指一定区域内的各种类型、不同等级、空间相互关系密切的城镇群体组织，它是经济区的"基本骨骼系统"。

（一）城镇体系

1. 城镇体系的形成

德国经济地理学家克里斯塔勒在1933年出版了《德国南部的中心地》一书。他在韦伯的工业区位论和杜能的农业区位论的启发下，独辟蹊径地把地理学的空间观点和经济学的价值观点结合起来，探索城市的数量、规模和分布的规律性，从而以抽象演绎的方法创立了主要根据城市向它周围的腹地所提供的服务来解释城镇体系空间结构的理论。这一理论被称为"中心地理论"。

克里斯塔勒中心地理论的要点具体如下：

第一，任何城镇都具有向其周围地区提供商品和服务的职能，而这一职能一般要在其服务区域的相对中心位置来执行，因此，任何城镇都可以看作规模不等、级别不同的中心地。

第二，一个地区会形成一套中心地的等级体系，同等级的中心地有同样大小的服务范围，也称市场区，市场区是六边形的。

第三，整个中心地及其市场区是由一级套一级的网络相互嵌套而成的。

第四，各级中心地在空间上的分布遵循三个原则，即市场原则、交通原则和行政原则。

根据克里斯塔勒中心地理论可知，城镇体系的形成有赖于三股力量的混合作用，即以市场范围为代表的经济力量、以交通条件为代表的自然力量和以行政区划为代表的社会力量。任何一个城镇体系，都遵循这三个原则。

2. 城镇体系的类型

城镇体系是多种多样的，随不同的地理与经济因素而千变万化，但其基本结构又是有规律可循的。总体上讲，城镇体系可分为以下四种类型。

（1）金字塔型。金字塔型是最常见的一种城镇体系，即以一个大城市或特大城市为核心，周围有几个中等城市相围绕，由此再联系若干小城市和更多的小城镇，如此形成金字塔型结构，塔顶便是体系的核心城市。

（2）多核型。多核型即体系内的核心城市不一定是一个，而可以是多个，它们规模相近、影响相当，共同发挥对其他中小城市的空间作用，形成一种多核结构。

（3）网络型。在一个城市发育早、城市数目多、城市化水平高的地区，如果城市之间不存在规模上的较大差距，则其结构是网络状的，即核心不突出、彼此作用力难分轻重。

（4）带状型。一般在江河流域、交通干线的沿线地区，容易形成城市在空间上一字排列、首尾衔接的带状结构。

（二）中心城市

中心城市是指在城市体系中居于核心地位、发挥主导作用的城市。

1. 中心城市的类别

由于城镇体系的层次性，使中心城市在发挥各自综合影响力上存在较大的差别。一般将它们区分为以下四类。

（1）具有国际影响力的全国性城市，它们都是市区人口在 500 万以上的超级城市，在国家的经济活动中发挥着重大的枢纽作用。

（2）具有跨省影响力的地区性城市，它们都是市区人口在 100 万以上的特大城市，在国家的地区性经济活动（如省际经济区）中起着重要的骨干作用，能带动周围数省区的发展。

（3）省级中心城市，它们在一个省域范围内承担经济中心的功能，一般是市区人口在 50 万以上的大城市或特大城市。一般都是各省的省会和大型工矿城市、港口城市、经济发达的城市。

（4）省内中心城市，它们在一个省份的局部地区承担经济中心的功能，行政级别上往往是地级市（但并非所有的地级市都能起到中心城市的作用）。

2. 中心城市在经济发展中的作用

"大城市由于有雄厚的经济实力，灵敏和及时的经济信息，发达的科技力量，方便的交通通信网络，在一个地区和国家乃至世界经济中居于支配性的地位，特别是其中的中心城市在世界城市化进程加速和经济发展全球化的今天，在对区域经济发展发挥原有功能的同时，赋予了的新功能，成为区域经济发展的指挥中心、调节中枢、服务中心。"[①] 中心城市较一般城市的聚集程度（包括人口、资本、消费、基础设施）要高，社会分工更细，科学技术先进，交通运输便捷。因此，它具有明显的聚集性、扩散性、商品性、高效性和开放性等特征，在发展大市场、大流通中具有优势，这就决定了中心城市在发展市场经济中必然起着主导和先导的作用。

（1）中心城市市场主体（各类企业）集中，具有现代市场经济的内生优势。中心城

---

①刘奕含. 论中心城市在区域经济发展中的地位与作用 [J]. 中国新技术新产品，2011 (7)：211.

市在市场经济中作用的大小，在很大程度上取决于它是否拥有竞争力很强的企业群体和富于竞争精神的企业家队伍。中心城市是各类企业最集中、商品生产能力最强、商品交换范围最广的地域。中心城市企业聚集的特征，决定了其具有产生现代市场经济所要求的高效率、高效益的内生机制，还有利于市场体系的发育，实现市场的规模化、社会化、专业化、现代化和国际化。随着国有企业，特别是大中型企业内部经营机制的转换、外部环境的改善，中心城市蕴藏的发育市场的巨大潜能必将充分地释放出来，从而带动我国社会主义市场经济迅速发展。

（2）中心城市科技力量雄厚，具有开发适应市场需求的新产品的巨大潜力。在现代社会，技术进步已经成为产业升级和经济增长最活跃、最重要的因素。中心城市是先进生产力聚集的地域，是科技人才荟萃之地，因此，它是开发新技术、研制和生产新产品的重要基地。中心城市高科技的优势，是其市场经济发达的根源所在，也是我国实现现代化和外向化的"生长极核"。我国已依托中心城市兴建起多个国家高新技术开发区，这对发展高科技、实现产业化发挥着重要的作用。同时，中心城市在引进国外先进技术和向国内扩散中，起着承外启内、合理嫁接、消化创新的"转换器"作用，这对带动域内乃至全国技术进步、产品更新换代，具有不可替代的重要作用。

（3）中心城市主导产业外向化程度高，具有开拓国内、国际市场的扩张力。改革开放以来，随着市场经济的发展，我国的中心城市特别是沿海一带的中心城市，已形成了各自的外向型的出口创汇主导产业和产品，在带动全国参与国际交换和合作中，发挥着重要的作用。上海、北京、天津、广州、沈阳、武汉、哈尔滨等城市分别与世界多个国家和地区建立了经济技术合作关系，大大提高了我国经济对外开放的整体水平。

中心城市日益发展的外向型产业，已成为带领我国经济进入世界经济的重要枢纽。中心城市的产业规模大、技术先进，对经济诸要素的输入和输出、流向和流量具有很大的调节作用。因此，它对经济要素的聚扩和转换呈现出大范围、大规模、多层次、全方位、高效率、高效益的特点。在扩大对外开放的宏观环境下，中心城市对国际经济要素的聚扩能力和枢纽作用也会不断增强。

（4）中心城市的基础设施较好，经济管理机构较健全，具有成为大市场、大流通枢纽的条件。中心城市的主导产业主要是输出产业，其产品主要是向域外销售。

中心城市具有较好的基础设施和较健全的经济管理机构，有利于完善市场经济调节系统，有利于市场体系的发展和规范化、制度化、法治化。中心城市还拥有一系列市场经济的调节机构，如金融、物价、财税、劳动工资等执行部门，统计、信息、政策研究、咨询等"软件"机构，工商、审计、商检、海关等监督机构，司法、仲裁、行政机关等保证部门。只要搞好配套改革，有效地发挥这些部门和调节机构的功能，则中心城市在组织大市场、大流通中就有可能取得更大的成效。

第二节　城市财政与城市金融

一、城市财政

"城市的发展离不开合理的规划，合理的城市规划既要满足人民生产和生活的需求，又要依托有保障的财力支持才能实施落地。"[1]　城市财政是在城市范围内利用价值形式对社会产品和国民收入进行分配与再分配的工具。城市财政有两种理解：广义地看，城市财政是指一切用货币表现的对城市人民所创造的剩余产品进行分配与再分配的过程，包括城市财政预算收支活动，城市中各工商企业的财务活动、城市中各银行的信贷收支活动，以及城市居民的货币收支活动；狭义地看，城市财政是指城市政府的财政预算，这里分析的是狭义的城市财政，即城市政府为了满足社会公共需要所进行的公共分配问题，包括城市财政收入和城市财政支出。

（一）城市财政的职能

在社会主义市场经济体制下，城市财政也和国家财政一样，具有三大职能，即资源配置、收入分配、经济稳定与增长。这三项职能是市场经济条件下的共有规律，自然也是市场取向的经济体制改革和政府职能转换的内在要求。

1. 资源配置职能

我国建立的社会主义市场经济体制，把市场作为配置资源的基础性要素，但这种市场机制也存在其固有的缺陷。当出现市场配置资源失败或低效时，财政的职能之一就是通过预算、税收、财政投资等政策手段进行调节，以优化资源配置。具体表现在以下方面。

（1）财政主要通过税收和利润上缴，参与社会产品的分配与再分配，并通过预算的经费拨款，保证行政、国防、文教卫生科学事业的资金需要，从而向社会提供公共产品与服务。

（2）对基础产业、基础设施和公益性投资项目，由财政通过预算拨款或贷款直接投

---

①何杨，李文婧. 城市规划视角下的中国城市财政问题［J］. 国际城市规划，2023，38（1）：28.

资；实行减免税优惠，以鼓励社会资源配置于这类项目；利用政策性银行的支持，进行信用投资。

（3）对一般竞争性项目，根据其发展状况和社会需要程度，由国家制定产业政策，财政部门根据产业政策，对不同投资项目征收高低不等的固定资产投资方向调节税（目前已取消），对其生产经营征收高低不等的流转税和所得税，以体现政策诱导，优化资源配置。

2. 收入分配职能

市场经济自身的基本分配原则是为提高效率而进行收入分配。这种按照效率优先的原则所组织的产品分配，从微观上看是合理的和必要的，但从宏观上看却不一定是公平的。这些不公平因素，利用市场机制自身是无法解决的，而且这种不公平积累到一定程度会反过来破坏效率。所以，必须借助政府的力量，通过税收和补贴等分配手段的运用，尽量消除严重的分配不公，促进公平和效率得以较好的结合，保证宏观经济稳定发展。

当出现上述分配不公的问题时，财政的职能就是运用其掌握的政策手段，"校正"原有的分配格局，促进公平分配目标的实现，具体如下。

（1）通过税收手段和累进税制，对收入高者多征税，收入低者少征税，缓解过度悬殊的收入状况。

（2）对丧失劳动能力或失去就业机会、缺乏正常收入来源的公民，通过财政的社会保障支出给予补助和救济。

（3）对企业之间由于客观因素造成的利润悬殊，通过征收资源级差税进行调节，促进公平竞争。

（4）对地区之间的发展不平衡，通过财政体制中的转移支付措施以及重点建设投资等方法给予扶植，以平衡地区之间的差距。

3. 经济稳定与增长职能

市场经济机制的自发作用，难以实现社会总供求的均衡和宏观经济的稳定发展，当社会总供给大于社会总需求时，造成经济停滞、失业和资源浪费；当社会总需求大于社会总供给时，造成经济过热、通货膨胀、物价上涨、资源过度利用、生产成本上升、经济效率下降。所以，保持社会总供求的大体均衡，是财政宏观调控的重要任务之一。

当出现宏观经济波动时，财政的经济稳定与增长职能表现在：一是可以借助于税收的自动稳定器功能来消除或减轻经济波动；二是通过有意识地运用财政政策手段进行调节。具体表现为以下三个方面。

（1）当总需求大于总供给时，政府应采取紧缩性财政政策。具体表现为：①增加税收

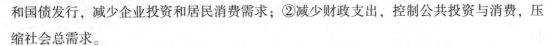

和国债发行，减少企业投资和居民消费需求；②减少财政支出，控制公共投资与消费，压缩社会总需求。

（2）当社会总需求小于总供给时，政府应采取扩张性财政政策。具体表现为：①减少税收和国债发行，增加企业投资和居民消费需求；②增加财政支出，扩大公共投资与消费需求，刺激经济的发展。

（3）当总供求基本协调时，财政应采取中性政策，有利于宏观经济的均衡发展。

（二）城市财政的构成

1. 城市财政收入

财政收入也称"预算收入"，它是通过财政分配渠道集中国家预算的资金，通常按财政年度计算。在社会主义制度下，财政收入主要来自劳动人民创造的社会纯收入。我国城市财政收入的构成和国家财政收入一样，也有以下四种形式。

（1）税收。税收是国家凭借政治权力参与国民收入分配以取得财政收入的活动，体现着国家同社会集团、社会成员之间的分配关系。税收不同于利润、利息、地租等以财产占有为依据的分配关系，在城市财政收入中，税收收入是最主要的一种形式。

税收具有以下特征。

第一，强制性。国家凭借政治权力执行税收政策，任何公民和经济组织都不得逃避纳税义务。

第二，无偿性。国家取得税收不需要给纳税者以任何经济补偿。

第三，固定性。国家通过法律宣布税目、税率、税种，具有固定性，任何组织和个人未经法律授权，不得任意更改。

（2）利润收入。国有企业的税后利润在规定留成后的剩余，也是城市财政收入的一部分。在利润一定的前提下，若企业多留，则国家少得；反之则反是。若企业亏损，国家财政还得给予补贴。因此，企业的利润收入变化较大。对城市来说，只有市属企业的利润才收归市里，其他中央、省直属企业的利润则直接上缴各主管部门。

（3）收费。收费是指城市各项公用设施使用费、管理费、事业费、资金、占用费、租赁费，以及罚没收入等的合称。这部分收费虽然占城市财政收入的比重不大，但它体现了发生在城市中的各种权利与利益关系，对促进城市经济和各项社会事业的发展仍具有重要意义。

（4）债务收入。国家的债务收入有两种：一是对外举债，二是对内举债。对内主要是发行公债，如国库券、建设债券、金融债券等，对外则有发行债券和银行借贷、政府借贷等不同形式。由于对外举债关系到国际收支平衡和货币稳定性，因此只归中央政府或经中央政府特别授权的地方政府所有。

城市的债务收入限于内债，即发行某一特定的政府债券，以筹集民间资金，促进城市建设与经济发展。

2. 城市财政支出

城市财政支出是将城市财政收入有计划地进行分配的过程。按其支出性质，可分为以下五类。

（1）市政建设支出。市政建设支出指城市公用设施、市政基础设施等的维护与建设费用。它是城市走向现代化的重要保证，应该留有足够的资金投入；否则，落后的城市基础设施与城市面貌难以改观。

（2）教科文卫事业费支出。教科文卫事业费支出指除基本建设支出、技术改造资金、流动资金和科技三项费用以外的各项文教卫事业费，以及科学事业费，包括文化、出版、体育、教育、卫生、计划生育等多项事业费。城市财政中的这部分费用，实际上是投资于发展生产力。

（3）生产支出。生产支出指城市政府对市属工商企业的建设与生产投资。有些城市政府为使财政增加收入，常常盲目投资办厂，导致了一些低效益的重复建设。结果不仅赚不到利润，投资也无法收回，浪费了十分宝贵的财政资金。

（4）生活支出。生活支出指用于城市人民生活的那部分资金，包括住宅建设与维护费用、医疗保健卫生费用、劳动保护费用、生活补贴费用。

目前，各地城市政府都向市民提供各种粮食、副食、煤炭、公共交通等名目繁多的补贴。主要形式有三种：一是商品提价后再给职工发补助；二是商品不提价，由政府承担行业性经营亏损；三是政府高价收进商品，低价售给市民，其差额由政府补给商业部门。

（5）管理支出。管理支出指城市各行政管理部门的管理费用，包括市政府、人大、政协、公检法、人民团体、直属机关、事业单位的办公费、设备费、业务费、工资、基建开支等。

二、城市金融

（一）金融与金融机构

所谓金融，是指资金的融通，即资金的集聚与流动，包括货币的发行、流通和回笼，存款的吸收和提取，贷款的发放和收回，投资资金的筹集等一切与货币流通有关的活动。

它是以货币为对象，以信用为形式，通过银行或其他非银行金融机构来实现资金的运动。

金融活动，有媒介体作用其间的，称为间接金融；无媒介体、由当事者之间直接发生的，称为直接金融。

从事金融活动的主体主要有银行、投资公司、信托公司、保险公司、信用合作社等机构。

1. 银行

银行是经营存款、放款、汇兑、储蓄等金融业务，承担信用中介的机构。它最早出现于意大利的威尼斯。我国第一家银行是中国通商银行，成立于 1897 年，银行是商品经济的产物。商品经济的发展促进了信用制度的发展，信用形式从最初的商业信用逐渐演进到银行信用，因而出现了现代银行。

（1）银行的职能。现代银行的主要职能包括以下内容。

第一，充当信用中介。银行以吸收存款的形式将社会上闲置的货币资金集中起来，又通过贷款把集中的资金分配出去，成为贷款人和借款人的中介，使闲置的货币资金得到充分的运用，加速资本的周转，成为货币资金积累的有力杠杆。

第二，充当企业之间的支付中介。银行负责为企业办理与货币资金运动有关的技术性业务，如货币的支付与结算、货币的保管与汇兑等，有利于节省货币的流通费用，缩短货币的流通时间。

第三，提供信用工具。银行实现资金融通，引导和调剂社会资金的流向。

（2）银行的分类。银行按其功能，可以划分为以下三类。

第一，投资银行。投资银行一般是指经营长期投资业务的银行。在西方，投资银行主要是通过购入企业股票、债券进行投资，充当证券发行人与投资者的中介。

第二，商业银行。商业银行是主要为工商企业筹集短期资金和提供业务服务的银行。它以吸收存款的方式筹集资金，放款给工商企业作为流动资金，还办理资金收付、汇兑以及票据贴现和抵押贷款等业务。

第三，中央银行。在现代市场经济中，除了上面谈的这些经营货币资本的银行企业之外，一般还有负责保持货币稳定的宏观管理当局：中央银行。中央银行以稳定币值为首要目标，控制一个国家的货币政策和金融体系，支持国民经济的发展。通俗地说，中央银行是"发行的银行"或"银行的银行"。也就是说，它的主要职能有三个：一是发行货币，调节货币流通；二是作为政府金融货币方面的代理人，管理政府资金，对政府提供信用，认购国债，代理国库；三是通过贷款、存款准备金和公开市场业务对其他银行和金融机构进行管理，制定货币政策，调节货币价格与需求，支持经济的稳定增长。

（3）我国现行的银行体系构成。我国现行的银行体系构成具体如下。

第一，中央银行：中国人民银行。

第二，商业银行：中国银行、中国工商银行、中国农业银行、中国建设银行、交通银行、中信实业银行六大全国性银行，以及一些地方性银行。

第三，政策性银行：国家开发银行、中国进出口银行、农业发展银行。

2. 投资公司

投资公司是指以其他公司的股票和债券为经营对象，通过证券买卖和股利、债息来获得收益的金融企业。投资公司早在 19 世纪 60 年代的美国即已出现，它进一步促进了资本集中，并且也有助于小额投资者参与多样化的证券投资，以获取比较可靠的收益。

目前，在英、美等国，投资公司主要有两种类型：股份固定型和股份不定型。前者的股票发行总额一般保持不变；而后者可随时出售股票、买回老股票，股票发行总额随时变化。我国的投资公司是指在中国人民银行的领导下，吸收社会游资，以促进社会主义建设的金融机构，如中国国际信托投资公司等。

3. 信托公司

所谓"信托"，是指接受他人信任与委托，代为经管财物或代办事务，为指定的人谋利益的经济行为。信托公司是指以营利为目的，并以受托人的身份经营信托及投资业务的金融企业。历史上最初的信托公司是 1822 年美国成立的"农民放款信托公司"。

随着社会的发展，信托公司的业务日趋广泛，如收受信托基金或信托存款、发放信托贷款、办理信托投资、代办租赁业务、经营代理有价证券发行和买卖、代管财产和遗产、经管房地产、代管企业职工分享利润和养老金、做各种基金会投资的托管人、提供经济咨询等，因而被誉为"金融百货商店"。我国最早的信托公司是 1921 年成立的上海通商信托公司。目前，我国信托机构发展较快，从政府到民间，从中央到地方，都有不少公司专营或兼营信托业务。

4. 保险公司

所谓"保险"，是指以集中起来的保险费建立保险基金，用于补偿因自然灾害或意外事故所造成的经济损失，或对个人的死亡、伤残给付保险金的一种办法。其实质是集合有同类同性质危险的多数人的资金来分担其中少数人可能遭受的损失，即"一人为众、众为一人"。它起源于公元前 2000 年的海上保险。保险公司则是指经营保险业务，与投保人订立保险合同，收取保险费，在保险事故发生时负责赔偿或给付保险金的金融企业。

5. 信用合作社

信用合作社简称"信用社"，指城乡居民集资组成的合作金融组织，于 1849 年在德国

莱茵地区首创。

在我国，目前有城市信用社与农村信用社两大机构，属集体所有制性质，按照经济独立原则灵活经营，独立核算、自负盈亏，主要办理城乡集体、私营经济单位和个人的存（贷）款业务。

（二）城市金融市场的组成

货币、资本和有价证券等各种金融证券的交易场所，统称为金融市场。

金融市场是商品经济发展的必然产物。商品经济的出现和发展，促进了信用制度的形成和发展，货币借贷从直接货币借贷的初级信用形式逐渐转化为以银行为中介的借贷形式。间接融资形式的出现，又促进了以债券、股票为内容的直接融资形式的发展。在我国，间接融资是主要的融资形式，但也必须发展直接融资。发展直接融资，有利于繁荣资金市场，有利于金融体制改革。只有直接融资和间接融资并存和互相补充，才能使金融市场逐渐完善和成熟起来。

金融市场是一个多样化的市场体系，包括货币市场（短期金融市场）、资本市场（长期金融市场）、外汇市场等。

1. 货币市场

货币市场是指专门融通短期资金的市场，故又称短期金融市场，一般期限在 1 年以内。其特点是融资期限短，被融通的资金主要是作为再生产过程中所需要的流动资金。其业务类型主要有以下四种。

（1）短期拆借市场，或称同业拆借市场。短期拆借是各专业银行和其他金融机构之间的资金相互转借业务，主要解决银行之间资金不足或多余的调剂问题。短期拆借的期限一般为 1~3 日，拆借利息按日计算，称为拆息，拆息率根据市场资金供求情况决定。

（2）票据贴现市场。贴现是票据持有人持未到期的票据到银行申请贴现，银行根据票据的期限扣除一定的利息，给原持票人贷款，该票据到期后，银行再以债权人的身份向原债务人索回款项。贴现业务所使用的信用工具主要是支票、汇票、本票等商业票据和短期国库券。

（3）票据承兑市场。承兑，即汇票上所记载的付款人接受出票人的要求，在票据上签名并写上"承兑"字样，表示承认到期给予兑付。票据承兑市场是承兑方用自己的信用担保，承诺付款，便于票据的贴现和转让，扩大票据范围，缩短清算时间，提高资金效率。

（4）短期证券市场，指期限在 1 年之内的有价证券发行和流通市场。信用工具是短期国库券和其他短期债券。短期国库券是国家为弥补国家预算收支不平衡而发行的一种短期有价证券，期限在 1 年以内，大多为 3 个月，是政府的直接债务，政府可用来调节国库收支，调节货币信用资本流量。国库券可以贴现和转让。

2. 资本市场

资本市场是指提供长期（1 年以上）运营资本的市场，亦称长期金融市场，其融通的资金主要作为扩大再生产所需投入的资本使用。资本市场的业务类型分为以下两种。

（1）银行中、长期贷款市场，是银行为工商业提供的用于固定资产更改、扩建或新建的中、长期资金信贷市场。

（2）证券市场，是有价证券发行与流通的场所，在该市场上流通的长期信用工具是有价证券，包括债券和股票两大类。

债券是债务人开给债权人的债务证书，持有人可凭此证书，在债券期满时向发行人收回本金和获得利息；股票是股份公司为筹集资金而发行的一种权益证明书，它是投资人的投资凭据，表示他拥有公司的股份所有权而成为股东，并进而享有股息收入及其他相应的权利和义务。股票可以转让，但不能抽回股金。

证券市场根据功能，又分为初级市场和二级市场。前者是发行新证券的市场，亦称发行市场；后者是各种证券买卖的市场，亦称流通市场。证券交易所是高度组织化的二级市场，目前我国仅有上海、深圳两个城市开办了证券交易所。

3. 外汇市场

外汇市场是经营外汇买卖的场所，属于国际金融市场的范畴。按交易方式的不同，外汇市场可分为固定的有形市场与开放的无形市场。有形市场是指外汇买卖双方在专门设立的外汇交易所中进行的面对面交易；无形市场是指没有固定的交易场所，外汇买卖双方通过电话、电传等电信工具进行的交易。目前的外汇市场多为无形市场。外汇市场的中心是汇价，汇价既是各种交易活动的结果，又是外汇交易的指示讯号。它表现出各种货币"价格"的变化趋势，决定着交易各方的利害得失，支配着市场交易活动的方向。外汇市场由外汇交易机构和个人组成，其主体部分有以下四个方面。

（1）经营外汇买卖的商业银行和其他金融机构，为各类客户充当外汇买卖的中介以及为银行自身业务需要而进行买卖。

（2）外汇经纪人，即外汇买卖的中间人，其自身并不经营外汇买卖，而只充当外汇买卖的中介。外汇经纪人必须熟悉外汇交易技术和市场外汇的行情，本身还须拥有相当的资历及良好的信誉，并得到金融管理部门的批准。

（3）需要买卖外汇的进出口商、各种企业、组织和个人。

（4）中央银行或其他政府指定的经营机构。它们参与外汇市场的交易，主要是出于干预外汇市场以谋求稳定汇率以及经营本国外汇储备这两方面的需要。

外汇市场的发育应具备一定的条件。在一个实行严格外汇管理的国家里，很难有真正的外汇市场。只有实行自由的或管制较松的外汇制度的国家，才能有较完善的外汇市场。我国目前基本上仍实行外汇管制，外汇的买卖还受到各种限制，并且交易外币的种类和交易范围都很狭窄，因而还不存在通常意义的外汇市场。但近年来，随着我国对外开放程度的扩大，外汇流量的增加，在上海、厦门、大连等地开办了不同类型的公开外汇调剂市场，且已初具规模。今后的任务是进一步提高其市场化程度，扩大交易的范围，增加品种，为开放外汇市场积极创造条件。

（三）城市金融市场的运作

城市金融市场的运作，可以概括为两个字：融资。融资是通过信用交换的形式吸收资金、集中资金和分配使用资金的经济活动，是资金市场的主要内容。它包括直接融资和间接融资两种形式。

1. 直接融资

直接融资，即直接资金融通形式，主要是通过发行债券、股票等信用工具的方式，吸收社会剩余资金，当作资本，直接投入特定的项目中。采取直接融资的好处有以下四个方面。

（1）把资金向经济效益高的方向引导。经济效益高的企业信誉高，它发行的债券或股票收益率高，对投资者的吸引力大。

（2）促使企业提高资本使用效益，向社会直接融资，要有一定的成本（债券要按时归还本金和利息，股票要分红利），并且必须直接对投资者负责。这同利用国家投资不同，能促使企业转换经营机制，提高资金效益。

（3）把社会上的一部分消费资金变为长期性生产建设资金。

（4）拓宽大众投资的渠道，分散投资风险。

2. 间接融资

间接融资是通过银行向社会吸收存款，再贷款给生产经营企业的资金融通方式，是以银行为中介所进行的信贷活动。银行信贷资金的主要来源是银行存款。我国银行吸收的存款按性质可划分为单位存款和个人存款，此外还有外币存款。

单位存款包括企业存款、财政存款和机关团体存款，具体说，主要包括工业企业、商业企业、建筑企业、集体企业和个体劳动者在生产、经营的周转过程中暂时闲置资金的存款，中央金库和各级财政部门先收后支款项的存款，事业经费未用部分存款和个体经营者存款等。

储蓄存款包括国内城乡居民的个人存款和华侨的个人存款，由各专业银行的储蓄所或分支机构、农业银行营业所和农村信用社及其他非银行金融机构（如邮政储蓄存款等）代理。

第三节 城市经济发展与政府作用

一、促进城市经济发展的政策

城市经济发展政策是使城市经济围绕城市经济发展目标而实现城市经济发展的管理手段，它对城市经济的发展效果有重要的影响。推动城市经济发展的政策方法很多，这里从产业政策、要素投入及收益政策和公共环境政策三个方面介绍城市经济发展的推动政策。

（一）城市输出部门和地方化部门的产业政策

城市输出部门是城市经济发展的重要源泉。因此，城市发展政策的决策者应该努力寻找到那些具有发展潜力的城市输出产品的生产部门，并为这些部门的发展制定产业政策，推动城市经济发展的产业政策。其制定工作主要有以下内容。

1. 确定城市基础部门

城市基础部门的经济特征一般表现在：①输出产品的产值占本市总产出的很大比重；②较多地采用本地投入品，增长乘数高；③较高的边际输入倾向转化为输出产品；④在全国具有较高的收入弹性。城市发展政策制定者要搜集足够的资料研究哪些产业具有这样的特征，这可以通过城市基础部门模型、乘数发展模型和投入产出模型来分析。

2. 制定扶持城市基础部门的产业政策

确定了城市基础部门，然后要研究采用哪些政策措施扶持其迅速发展，以带动城市经济的高速增长。从城市政府的角度看，要在国家总体产业政策的指导下，确定本市的产业政策重点，通过地方财政税收政策、信贷政策、资源政策及收益政策等扶持城市基础部门的发展。

3. 发展城市地方化部门的政策

地方化部门是城市经济发展的重要依托性力量，它的作用主要在于：①为城市基础部门提供中间产品；②为城市的各种生产活动提供配套产品和生产性服务；③为城市居民提供各种生活性、发展性和享受性的服务。

使本地的一般需求尽可能实现地方化，是现代经济发展的特点之一，因此，城市政府要努力扶持地区的本地化，可以在税收、信贷、资源和收益等政策上采取有针对性的政策措施，发展本地产业。

（二）城市经济增长的要素投入和收益政策

城市经济增长依存于要素的投入和投入的积极性。要素在城市经济中的主要内容包括劳动力、资本、技术进步等；投入的积极性与要素的报酬政策密切相关。

1. 城市劳动力投入及其报酬政策

在劳动生产率一定的情况下，劳动力持续稳定的增长是城市经济增长的重要动力。而城市劳动力供给的基本来源之一是外部劳动力的流入。现在很多研究表明，更大的劳动力转移会促使城市对劳动力需求的进一步提升，从而促使更多的劳动力流入该地区。所以，城市政府应制定促使劳动力合理流动和充分利用的政策，例如防止劳动力歧视政策、同工同酬保证政策、最低工资政策等，使城市经常性地保持着吸收就业的经济增长的活力。同时，政府提供劳动力的公共培训，以便最大限度地提高劳动者的人力资本，使城市经济增长能得到素质不断提高的劳动者。

2. 城市资本投入及其报酬政策

持续的资本投入是支撑城市经济长期增长的重要条件。根据我国的情况，城市政府一般应考虑积极采取提高私人投资形成水平的政策措施。目前，很多发展中国家都存在私人资本总体投入不足的情况，并且在地方范围内的私人资本投资往往没有实现充分利用。为此，城市政府应当通过制定各项政策来引导私人资本流向那些资本利用率更高的部门。

3. 城市经济增长的技术进步政策

技术进步具有多样化的形式：新的改进型产品的出现、更好的生产工艺及新技术扩散到更多的生产部门等。它是促进城市经济增长的根本性机制。为此，城市政府应积极实施促进城市技术进步的经济政策，具体如下。

（1）知识创新政策。很多发达国家在快速城市化过程中，城市政府往往制定大量政策来鼓励技术进步，它们对高校和研究机构的很多基础性和应用性研究提供各类资金支持，这是获得城市经济增长的重要源泉。

（2）中小企业技术进步政策。城市中小企业技术开发能力薄弱，需要城市政府的扶持。但是由于这些企业往往在城市经济增长中具有重要的作用，为此城市政府应尽可能鼓励和帮助他们采用先进的新技术开展生产，从而需要一些政策扶持，如优惠技术贷款、提供公共实验室、一般技术的公共供给等。

（3）技术开发和生产关联政策。技术的开发过程往往和本地区的重要产业发展有紧密的联系。城市地方政府应制定一些重要的技术开发和生产关联政策支持本地区的技术开发和经济增长。

（三）城市经济增长的公共环境政策

城市经济增长的公共环境是指城市的自然环境、文化和公共品（或者统称为"社会适宜度"）供给的状态，它是决定一个城市经济增长的重要因素。随着技术的进步，生产摆脱了以往的资源、地理、气候、运输等约束条件，很多工业企业的选址都逐步摆脱了传统意义上的资源、中间投入品或市场导向的特点，转而关注企业发展的社会环境。拥有一个比较理想的"社会适宜程度"的城市可以让该地区的企业更容易雇用到有能力的劳动力。但是，到目前为止，很少有实证研究确切地估计了不同的社会适宜程度对当地经济增长的影响。从我国来看，完善城市经济增长的公共服务环境是当前城市发展的重要方面。为此，城市政府可以采取以下一些政策。

1. 城市投资环境的建设

城市投资环境包括多种内容，主要指投资的硬环境和软环境。硬环境是城市的资源、自然环境及基础设施和服务的功能状态。每一个城市都有其区位特点，城市政府应充分发挥本地硬环境的潜力，结合本地环境状况进行基础设施建设和提供优质的基础设施服务。软环境主要指城市的市场发育水平和政府公共服务的水平。城市市场发育水平将直接影响从事商务活动的效率，特别是要素市场的水平，直接影响投资者的决策。为此，城市政府应不断地完善市场建设，保证要素市场的功能；城市政府公共服务的水平也是影响投资者决策的重要因素，为此提高政府自身建设将对城市经济增长有重要的促进作用。

2. 商业孵化环境的建设

商业孵化环境指适宜于创新发展的社会环境。目前，世界各地很多城市政府都在利用各种措施来营造一种催生有能力企业家的商业孵化气氛。商业孵化氛围有多种形式。在多数情况下，一些高校通过直接兴办技术和商业开发区来促使新技术或商务活动的发展，这种方法的目的是想借助学校的研究人员的力量更快地把技术和科学发现转化为市场化的产品。

现在，有关技术和商业开发区的案例研究非常多，但对一个成功的商业孵化基地背后究竟是由哪些因素决定的，这是当前城市经济中需要深入探讨的问题，城市政府可以在这方面的建设中不断地总结经验。

3. 城市经济增长的公共服务政策

城市经济增长需要大量的公共服务，如供水、供电等公共企业服务和办理各种手续的政府服务。这些服务过去在我国一直由政府直接提供，随着市场机制的完善，这些功能可以逐步地过渡到民间的公共企业和各种中介咨询经营的方式，政府则主要以法律为依据对这些活动实行监督管理。为此，要实施一些旨在提高效率的、促进城市经济增长的民间的公共供给政策。

二、城市经济发展中政府的职能和作用

（一）政府的职能

1. 政府的一般职能

（1）经济调节职能。政府的经济调节职能主要是为经济发展提供良好的宏观经济环境，优化经济结构。

第一，通过采用适当的财政政策和货币政策等宏观经济政策进行宏观调控，促进经济增长，增加就业，稳定物价，保持国际收支平衡。

第二，为缩小城乡差别、促进城乡经济协调发展提供必要的制度保证和政策支持。

第三，对区域经济发展给予协调、指导和财政支持，促使东、中、西部地区在发挥各自比较优势的前提下协调发展。

第四，在符合世贸组织规则的前提下，采取鼓励性的政策措施，促进出口，吸引外资，支持本国企业跨国投资经营。

（2）市场监管职能。建成完善的社会主义市场经济体制，是发展生产力的强大动力和建设社会主义现代化国家的体制保证，它离不开政府对市场的有效监管。具体地说，政府作为制度的供给者，应通过制定和执行相关法律、法规，履行其在市场监管方面的主要职能，具体如下。

第一，界定和保护各类产权。

第二，创造良好的信用环境。

第三，促进全国统一市场的形成，扩大市场对内、对外开放，逐步消除行政性垄断，加强对自然垄断行业的规制。

第四，对产品定价和产品质量信息披露行为进行严格监管等。

（3）社会管理职能。

第一，保障公民享有宪法规定的经济、政治和文化权利；依法指导和帮助非政府组织的健康发展，推进社区和乡村基层组织自治；为落实公民在选举、决策、管理和监督等方面的民主权利创造条件。

第二，维护社会安全秩序，依法惩处各种犯罪活动，妥善处理突发性、群体性事件，解决好各种利益矛盾和纠纷，在安全生产方面实行严格的监督管理，做好防灾减灾工作等。

（4）公共服务职能。重视政府的公共服务职能，应强化以下方面。

第一，把扩大就业放在更加突出的位置，加强对就业的指导和扶持，给予企业的技术培训项目和下岗失业人员的技能培训以更大的财政支持。

第二，扩大社会保障的覆盖面，加快建设和完善与经济发展水平相适应的社会保障体系，加大收入分配调节力度，把居民收入分配差距控制在适度的范围。

第三，加大对教育的投入，提高政府公共教育服务水平，尤其是要提高义务教育的质量和普及程度。

第四，逐步把公共医疗服务对象扩大到所有的城乡居民，使人人享有基本医疗保健。

第五，加强对文化建设、基础科学研究和技术开发领域的财政支持。

第六，通过政府投资和组织民间资本参与建设的方式，加大基础设施的建设和供给，加强环境保护等。

2. 地方政府的职能

地方政府是地方经济发展的推动者、市场运行的监管者、国有资产的管理者、社会事务的管理者、公共服务的提供者、资源环境的保护者、社会公平的保障者和社会稳定的维护者。

地方政府的职能主要应界定在提供为地方经济发展服务的公共产品，包括发展地方教育；对地区性问题的中观调控，包括调节本地区企业经济主体的行为，调节本地区的市场秩序；扶持本地区一些重点产业的发展；促进就业；做好环境保护工作等方面。其中，着重要处理以下问题。

（1）地方政府应通过市场机制提供公共产品，实现市场替代。

（2）政府替代市场要考虑经济行为的机会成本和效率。

（3）应当建立保证政府替代市场的科学决策规则。

（4）各级政府替代市场的范围、能力有限，不同级次政府的财权事权要对等。

（5）地方政府应推动区域经济有机整合，形成国民经济体系内具有独立功能的经济区域。

（二）政府的作用

1. 政府的一般作用

（1）政府与市场失效。市场失效界定了政府的一般经济职能：校正市场。具体地说，这些职能包括：遏制垄断、内化外部性、提供公共产品、对收入进行再分配等。其中，提供公共产品是政府的基本职能，其他各项职能都或多或少地与这一基本职能有关。政府提供的公共产品包括三大类：一是制度，如产权制度、法律条令等。二是活动，如国防。政府校正市场的活动也是公共产品。三是有形产品，大多数基础设施都属于此类。

（2）政府与市场成长不足。培育市场、推动市场成长是发展中国家政府的重要职能。为实现这一职能，政府应重视制度建设，特别是产权制度的建设，为参与交易的个人和企业提供激励和保障，从而降低交易费用，提高交易效率。

然而，市场成长是漫长的过程。为尽快摆脱贫穷、落后状态，赶超发达国家，发展中国家的政府会利用法律、政策等手段，以投资者和企业家的身份进入经济过程，这就是政府的市场替代。政府的市场替代的实质是政府替代成长不足的市场，发挥配置资源、组织社会生产的作用。

对许多发展中国家，政府的市场替代是必要的，现实中也不乏成功之例。然而，替代通常也是抑制，过度的市场替代往往不利于市场成长，为经济的进一步发展留下隐患。

2. 地方政府的作用

对地方政府的作用，可以用一句话来概括：维持一种安全、稳定的社会，健康发展，不断进步。政府使社会更加有序，其管理作用就是做好自己的工作，让事情快速有效地办好的同时，对违法行为进行惩治，做到有法可依、有法必依、违法必究、执法必严。

第六章 农业经济管理实践

第一节 农业经济的微观组织结构

一、农业中的产权结构与经济组织形式

(一) 产权与产权结构

1. 产权

产权是经济所有制关系的法律表现形式，是指财产主体（生产资料所有者和使用权拥有者）对财产（生产资料和经营收益）的权利。它包括财产的所有权、使用权、收益权和处置权。

（1）所有权。所有权是指对财产独占性的支配权利。财产所有权主体依法对自己的财产享有占有、使用、收益和处置的权利，同时必须承担与其权利相对等的责任和义务。

（2）使用权。使用权是指不改变财产的本质而依法加以利用的权利。通常由财产所有权主体行使，但也可依法律、政策或所有权主体之意愿而转移给他人。在现代经济社会中，所有权与使用权相分离的情形普遍存在。不给予财产以独立的使用权，就不能为使用者主体树立独立经营的地位。使用者在获得某一财产的使用权后，就有了对财产的收益权和处置权。使用者不但对所有者承担一定的责任和义务，而且也对整个社会承担一定的责任和义务，也就是说，使用权获得者是一个民事法律主体。与此同时，所有者也必须根据法律或契约规定，对使用者让渡其财产的一部分权利，并对使用者承担一定的责任和义务。

（3）收益权。收益权是指财产投入经济活动后，所有者主体和使用者主体对财产产生的收益进行分割的权利。在一般情况下财产经过适当使用可带来收益，而正因为财产能带来收益，无论是所有者还是经营者，都有权要求得到财产收益。收益权与所有权、使用权

紧密联系在一起，并从属于所有权和使用权。

（4）处置权。处置权是指对财产进行更新、转移、重组等处置性的权利。它和收益权一样属于连带产权，只能由所有者和使用者掌握。在市场经济条件下，各种财产利益的实现一般都要通过市场的商品交换来完成，并受到市场需求与市场供给的影响而产生变化，这对财产的更新、转移、重组等提出了处置的要求。

通常认为所有权、使用权是产权的主要权能，而收益权和处置权是一种连带产权权能，从属于所有权和使用权。产权的属性主要表现在三个方面：经济实体性、可分离性、产权流动的独立性。产权的功能包括激励功能、约束功能、资源配置功能、协调功能等。

2. 产权结构

产权结构是指不同类型的产权所构成的产权框架及其比例。产权类型是以财产的所有权和使用权来划分的，其中所有权是最核心的内容。现阶段我国农业中的产权结构，按照所有权的不同划分为六种类型。

（1）国有产权。国有产权指生产资料归国家所有的一种产权类型，是社会主义公有制经济的重要组成部分。我国农业中的国有产权经济主要有两种形式：

第一，直接从事农业生产的国有农场、林场、牧场、渔场等。国有农场是最主要的内容和形式。国有农场的土地、资产归国家所有，接受国家政策指导，并按市场需求组织生产经营活动。国有农场一般规模较大，资源丰富，技术装备水平较高，有较高的劳动生产率和商品率。

第二，从某一方面为农业服务的各类农业企业和农业事业单位。如一些国有集团、公司、农业技术推广中心等。

（2）集体产权。集体产权指生产资料归集体所有的一种产权类型，是社会主义公有制经济的组成部分。我国农村的集体产权主要包括社区性（村级）合作经济、专业性合作经济、乡镇集体企业等。

（3）个体产权。个体产权指生产资料归劳动者个人所有，以个体劳动为基础，劳动成果归劳动者个人占有和支配的一种产权类型。我国农村实行家庭联产承包责任制后，农业中的个体产权形式主要有三种类型：①承包集体土地等生产资料形成的农户承包经济，这是农业个体产权的主要类型；②农户利用自己的资本、劳动力从事家庭养殖、农副产品加工、商业等经济活动；③从国有农场中分化出来的职工家庭农场。

（4）私营产权。私营产权指生产资料归私人所有，以雇佣劳动为基础的产权类型。我国农业中的私营产权形式主要是一些农户租赁大规模土地或水面，尤其是大面积的荒山、荒坡、荒滩、荒水，进行农业生产经营活动。由于生产规模较大，常常需要雇用较多的劳动力从事农业生产。

（5）联营产权。联营产权指不同所有制性质的经济主体之间共同投资组成新的经济实体的一种产权类型。在现代农业中，联营产权主要采取公司制的组织形式，包括股份有限公司和有限责任公司等。

（6）其他产权。其他产权指以上几种产权类型之外的产权类型，如中外合资（合作）产权等。

（二）现代农业产权结构的基本特征

随着现代农业生产力的迅速发展，现代农业产权结构发生了很大变化。与传统农业阶段相比，现代农业产权结构具有以下四个基本特征。

1. 产权主体多元化

在现代农业中，生产资料的所有者和使用者都是其产权主体。在生产资料所有者层面，包括国有、私有、集体所有、联合所有等多种形式；在生产资料使用者层面，包括自有自营者、向所有者租赁或承包经营的独立法人、隶属于所有者的组织或个人。产权主体的多元化，有利于产权关系的调整、重组和灵活运转。

2. 产权关系明晰化

在现代农业中，所有者与使用者之间，通常通过承包或租赁合同等形式，明确其权、责、利关系；在所有者之间，不仅不同的经济实体之间有明确的财产边界，即使是在集体或联合体内部，各所有者之间也要通过各种形式的财产所有权凭证（如地产证、股票、股权证），明确其财产边界。产权关系的明晰化，有利于生产资料的合理使用，也有利于财产的处置和经营成果的合理分配。

3. 收益权实现多样化

在传统农业阶段，土地等生产资料的所有权是享有收益权的主要依据。在现代农业中，由于生产资料使用权与所有权的分离，不仅所有权享有收益权，使用权也成为参与收益分配的重要依据。同时，劳动、资本、技术和管理等要素，依据其在生产经营过程中的作用而享有相应份额的收益权。收益权实现的多样化是建立现代农业运行机制的基础和客观依据。

4. 产权交易市场化

在市场经济条件下，现代农业生产资料，无论是所有权的让渡，还是使用权的流转，均可以通过产权进行交易。通过产权市场公开、公平、公正的交易，不仅可以保证交易主体的正当权益，而且有利于生产资源的合理配置和有效利用。

（三）农业经营组织的形式

农业经营组织指从事农业生产经营活动、具有独立经济实体地位的劳动组织。我国现行的农业经营组织包括农业集体经济组织、农业合作经济组织、农业企业、国营农场和其他从事农业生产经营的组织。

1. 农业集体经济组织

农业集体经济组织也称农村集体经济组织，它既不同于企业法人，又不同于社会团体，也不同于行政机关，自有其独特的政治性质和法律性质。由于农业集体经济组织是以社区农用土地为资产基础、以社区全体农户为天然成员组成的，所以也称为社区集体经济组织。它是一种政府主导型的合作经济组织，一般是以行政村或村民组为组织界限，在土地集体所有和农户家庭承包经营的基础上，实行统分结合、双层经营方式的合作组织。

2. 农业合作经济组织

农业合作经济组织是指农民家庭经营为主的农业小生产者，为了维护和改善各自的生产和生活条件，在自愿互助和平等互利的基础上，联合从事特定经济活动所组成的互助性组织形式。在农村家庭承包经营基础上，农产品的生产经营者或者农业生产经营服务的提供者、利用者，自愿联合、民主管理的互助性经济组织。

作为初级农产品生产者的农民群体是中国社会最大的弱势群体。提高农民的组织化程度，成立有效的农业合作经济组织，分担了政府与社会的职责，促进了农村社会的繁荣和稳定。

3. 农业企业

农业企业是指经工商行政管理部门注册，实行独立经营、自负盈亏，建立的从事农业生产经营的经济组织，包括国有农业企业与其他所有制形式的农业企业。

4. 国营农场

国营农场即国有农场，是由国家投资，在国有土地上建立起来的农业经济组织，为社会主义全民所有制的农业企业。我国早在革命根据地时期就已有类似的公营农业经济组织。中华人民共和国成立后，全国各地普遍建立起各种具有专业特点的国营农场。20 世纪 80 年代以后，在经济体制改革中，国营农场一般均趋向于一业为主、多种经营的方向发展；同时，借鉴集体经济实行家庭联产承包责任制的经验，在保持所有制不变的前提下，实行由户承包经营的组织形式。国营农场是我国农业生产经营中的一种非常重要的组织形式。

5. 其他从事农业生产经营的组织

除上述几种农业生产经营组织之外，从事农业生产经营的组织，包括供销合作社、国有、其他组织和个人设立的从事农业科研、推广的经营性单位等。家庭承包经营重建了我国的农户经济后，分散经营的农户出于对社会化分工和协作的基本需求以及抗御农业风险的需要，开始以各种方式寻求联合与合作，涌现出了各类不同的新型农业经营组织。

二、农业家庭经营

农业家庭经营是指以农户家庭为单位，以使用家庭劳动力为主从事农业生产经营活动的基本组织形式，具有独立的或相对独立的经营自主权的生产经营单位。我国的农业家庭经营已经存在多年，目前农户家庭仍是我国农业最基本的经营主体。

（一）农业家庭承包经营的特点

我国的农业家庭承包经营，大体经历了个体农户时期、集体经济时期和双层经营时期三个阶段。现行的农业家庭承包经营有其特有的属性和特点。

1. 农业家庭承包经营的属性

家庭承包经营是中国农村土地的基本使用制度和农业的基本经营制度。集体经济组织将集体所有或国家所有归其使用的土地等生产资料发包给本组织的成员，承包经营者对所承包的生产资料享有占有权、使用权、收益权以及国家政策和本组织章程所允许的处分权，独立行使经营自主权，并按承包合同规定履行上缴承包金和其他义务，集体组织根据生产需要和实际可能，提供各种服务，进行必要的管理协调。我国农业家庭承包经营具有以下五个属性。

（1）农业家庭承包经营是集体经济内部的承包经营，不同于个体的或资本主义的农业家庭经营，而是社会主义经济的组成部分。

（2）农业家庭承包经营是集体经济内部的一个相对独立的经营单位，因而不同于集体经济内部的一般分工，它直接构成市场的经营主体。

（3）农业在家庭承包经营的最重要的生产资料——土地是公有的，农户是承包者，土地所有权与使用权是分离的，农户拥有承包土地使用权。

（4）农户享有家庭承包经营的收益分配权，除了依据法律和承包合同向国家和集体缴纳外，家庭承包经营的收益均归农户所有。

（5）家庭承包经营是集体经济的一个基本经营层次，集体经济还有统一经营的层次，而且两个经营层次是密切结合在一起的。

2. 农业家庭承包经营的特点

在中国农业从传统向现代化转化的进程中，农业家庭承包经营兼有以下特点：

（1）分散性与统一性。农业家庭经营始于自给自足的自然经济。目前，农业双层经营体制下的家庭经营，一方面，农户家庭是集体经济的一个经营层次，属于新型的家庭经济，无论与过去的集体经济比较，还是与规模较大的国营农场经营比较，它都是一个相对独立的生产经营单位，实行自主经营，表现为分散性；另一方面，作为承包经营户，是社区集体经济组织的成员，依据承包合同，接受社区的统一规划指导、机械作业和各种信息服务等，从事生产经营活动，表现为统一性的特点。各地因经济发展水平和管理方式的不同，其统一的项目、手段与范围等也有所不同。随着农村社会生产力的发展，农户自主决策的分散经营与以合作、联合为特色的统一经营的联系将日益紧密。

（2）灵活性与计划性。与计划经济时期的集体经济相比较，市场经济条件下的农民家庭拥有更多的经营自主权，其人员少，规模小，管理层次少，可以根据市场需求变化，及时调整生产方向，做出相应决策，其经营具有较强的灵活性；同时，一般农户虽然没有正规的书面计划但大多能按照市场行情和自身消费需要，做出一定的计划安排。随着农户家庭经营规模的扩大，农民文化水平的提高，农户经营计划内容将不断丰富，作用也日益突出。

（3）自给性与商品化。由于各地农业生产水平和市场环境不同，农户自给性的生产和商品化生产的程度及其比例关系不尽相同。在交通不发达的边远地区，市场范围小，产品运销不便，常形成自给性生产为主与商品化生产为辅的结合经营形态；在交通方便的城市近郊、经济发达地区，市场区位优势突出，多发展适应市场需求的商品化生产，形成商品化生产为主和自给性生产为辅相结合的经营形态。随着市场经济体系的不断完善，农村工业化和农业现代化进程的加快，将极大地促进农业土地使用权的合理流转。随着社会分工的发展和社会生产力水平的提高，农业家庭经营的自给性将逐渐弱化，不断走向商品化、市场化是一种历史的必然。农户只有实现农业生产的商品化，才能打破自给自足和小而全的农业生产模式，使农业生产走上专业化的道路和获得专业化发展的好处；才能打破农业生产的自我封闭状态，获得外界各种生产要素的支援；才能促使农民在生产中讲求效率和节约成本，才能提高经济效益和增加收入。

（4）专业化与兼业化。农业家庭经营的专业化，即指农户从事某一项生产或劳务的经营，逐步摆脱小而全的生产结构，生产项目由多到少，由分散到集中，由自给自足转变为专门为市场生产某种（类）农产品。农业家庭经营的专业化有利于充分发挥各农户的自然经济条件的优势，可以最大限度地利用优势集中生产和经营。农业家庭经营的兼业化是指以户为单位实行主业与辅业相结合的经营，即依据劳动者的专长和有利的自然经济条件及市场需求状况，选择除耕种土地或畜禽养殖等某项生产为主业外，同时又利用剩余劳动时间和其他生产资源从事某些辅业。由于每个农户土地经营规模过小及生产机械化程度的提高，仅靠农业生产经营难以满足农户生活水平日益提高的需要，大量农村劳动力出现剩余，于是就出现了农户的兼业化现象。

农业家庭经营的专业化既给农户带来致富的机会，也使农户经营的风险加大。这不仅因为一旦遇到自然灾害将遭到严重损害，更主要的是因为还要面对更大的市场风险。现在，农业家庭经营除经营农业外，还可从事工业、商业、运输、建筑、服务业等经营项目，不放弃承包的土地，在从事农业的同时又兼营其他，这样一来，既可以分散经营风险，又可以获得更多的收入来源。

（5）企业化与社会化。农业家庭经营的企业化，是反映农户从自给自足、不进行经济核算的生产单位向提供商品农产品，追求利润最大化，实行自主经营和独立经济核算，具有法人资格的基本经济单位的转变过程。这个过程是一个长期的渐进过程，也是必须经历的过程。农业家庭经营的社会化，是指农户由孤立的、封闭型的自给性生产，转变为分工细密、协作广泛、开放型的社会化农业生产的过程。

农业家庭只有实现企业化的经营，根据市场的需要，生产适销对路的农产品商品，通过严格的经济核算来优化配置本家庭的各种生产要素，提高农业生产的经济效益，最终才能实现利润的最大化。农业家庭经营的社会化有利于充分发挥分工协作的优势，使各个农户、各个地区根据各自生产力要素的特点，发挥自身的优势，获得更多的经济效益。

现代农业家庭经营已与传统农业家庭经营有了质的区别，它保留了家庭经营的好处，又克服了传统经营的弱点，使其能与现代农业生产力相适应。

（二）农业家庭经营的类型

1. 按其在双层经营中的关系划分

（1）承包经营型。承包经营型是在坚持土地等主生产资料公有制的基础上，在合作经济组织的统一管理下，将集体所有的土地发包给农户耕种，实行自主经营，包干分配。其责、权、利是依据《中华人民共和国农村土地承包法》和借助于土地承包合同来规定的。

（2）自有经营型。自有经营型是农户使用集体所有、农户永久占用的住宅庭院，包括房前屋后及划归农户开发利用的街道路边和隙地，利用自有资产而独立进行的家庭开发经营。它以市场需求为导向，自行独立地进行生产经营活动。

（3）承包经营与自有经营结合型。随着农村经济体制改革的深入、市场经济发展与农户家庭经营自主权的扩大，自有经营型比重加大，多数农户是承包经营与自有经营相结合型，少数是自有经营型。

2. 按从事农业生产劳动专业化程度划分

（1）专业农户经营。专业农户经营是指以农业收入作为家庭主要收入来源的农户，其从业收入（指工资性收入与家庭经营净收入之和）的90%以上来源于家庭经营中的农业经营。全职农户可以分为两类：一类是规模经营农户，一类是小农户。

（2）一兼农户经营。农户兼业化指农户不仅从事农业生产，还从事非农业生产的现象，不同国家、不同地区对兼业农户的划分标准存在差异。以农业劳动力从业时间为准，一兼农户经营是指在家庭经营中以经营农业为主，兼营非农产业，且家庭必须有一个整劳动力从事农业生产，在一年内其从事农业劳动的时间要在150天以上。

（3）二兼农户经营。二兼农户经营是以经营非农产业为主，以兼营农业为辅。这类兼业户，家庭成员中的主要劳动力全年从事农业生产活动的时间在150天以下。

3. 按家庭经营的组织化程度划分

（1）单个经营型。单个经营型即分散经营型。小规模分散经营是我国农户家庭经营的基本特点之一。

（2）联合经营型。联合经营型一般有：农户之间的相互联合，农户与村级社区合作组织联合，专业生产者协会的松散联合，农户参与农业产业化经营。

4. 按家庭经营的商品化程度划分

（1）自给性经营。自给性经营是一种自给自足的经营方式，生产的目的不是交换，而是直接获取使用价值，以满足家庭成员基本生活消费的需要。

（2）商品性经营。商品性经营是指农户经营是为他人生产使用价值，为自己生产价值，即为交换而进行的生产。

（3）自给性与商品性结合经营。自给性与商品性结合经营是一种半自给、半商品型农户的经营方式，它既从事自给性生产，直接为家庭成员提供生活消费资料，又从事商品性生产，用于市场交换以获取货币收入。

随着农村经济和现代农业发展，我国农业家庭经营收入、经营能力进入较快增长阶段，一些地方开始出现集约化、专业化、组织化、社会化程度较高，经济效益较好的家庭农场、专业大户等新型家庭经营组织，为我国家庭经营基础上的农业现代化增添了新的组织力量。

家庭农场是指以家庭成员为主要劳动力，经营面积达到规定规模，从事农业规模化、集约化、商品化生产经营，以农业收入为家庭主要收入来源的新型农业经营主体。家庭农场以追求效益最大化为目标，土地承包关系稳定，生产集约化、农产品商品化程度高，能为社会提供更多、更丰富的农产品，推进农业由保障功能向盈利功能转变。

专业大户指从事某一种农产品，具有一定生产规模和专业种养水平的农户。专业大户种养规模一般大于普通农户，规模化经营程度、专业化生产水平高，是推进农业市场经济、农业现代化建设的重要力量。

三、农业合作经济组织

农业合作经济组织也称农业合作社，是指农业小生产者为了维护和改善各自的生产和生活条件，在自愿互助和平等互利的基础上，联合从事特定经济活动所组成的经济组织形式。中国目前农业合作经济组织的主要形式为农民专业合作社。根据《中华人民共和国农民专业合作社法》规定，农民专业合作社是指在农村家庭承包经营的基础上，农产品的生产经营者或者农业生产经营服务的提供者、利用者，自愿联合、民主管理的互助性经济组织。

（一）农民专业合作社产生的原因

第一，社会分工与生产专业化需要农民专业合作社。社会分工是商品生产存在的基本前提之一，农业生产越专业化、商品化，就越要求进行各种形式的合作与联合。在自给自足的自然经济基础上，农户的农业生产出现了剩余，为农户之间进行合作提出了需求。同时，在农业生产发展过程中，也只有在各个农户之间出现了相当的社会分工和专业化，生产的各个不同环节、阶段由不同的生产组织去完成的情况下，彼此之间的合作才尤显必要。

第二，市场风险和自然风险需要农民专业合作社。农业生产的商品化，把众多的农户推向了市场，随着市场经济的发展，资源的配置由市场价值规律调节来实现，从而进一步引导生产。分散的农户对市场风险的抵御能力不足，同时还要受自然灾害的影响，彼此合作是抵御和避免市场风险和自然风险最有效的办法。

第三，农业生产规模化经营需要农民专业合作社。通常，农户的经营规模较小，单独采购生产资料难以获得价格优惠，单独出售农产品也难以卖出个好价格，在生产中单独使用某种大型的机械或采用某项先进的生产技术措施也可能变得不经济。因此，为了享受买与卖环节的价格优势及降低生产成本，分散农户需要通过合作社联合起来，借助外部交易规模，实现交易成本的节约，实现规模经济。

第四，市场经济的快速发展需要农民专业合作社。市场经济的发展是农业合作社发展的基础和社会条件，市场经济的扩张是农业合作社不断发展的土壤，并为它的进一步协调发展起推动作用。

（二）农民专业合作社的经济行为特征

农业是一个弱质产业，个体的农民在市场竞争中经常处于不利的地位，因此农业经济主体的合作对农业的发展和农民市场地位的提高具有极其重要的意义。农民专业合作社具有合作社的一般特征，即成员自由加入和退出、民主平等管理、互助共赢和利益共享等。但作为一种特殊的合作组织，它还具有以下三个基本特征。

第一，农民专业合作社是家庭经营基础上的协作。经营农业是特殊的行业，经营模式以家庭经营为主，从而农业经营的个体经济就是家庭经营经济，这一特征使农业合作经济组织在发展时期，尤其是在传统农业向现代农业过渡的时期更带有社区性和综合性。

第二，农民专业合作社的启动有一定难度。农业经营是一种典型的分散经营，尤其是传统农业，在商品化率低，小规模、半自给性经营条件下农民的合作意识很低，这说明合作社的发展与市场竞争有着密切的关系。

第三，农民专业合作社发展需要政府的大力支持。农民专业合作社对壮大农业经营主体的力量有着极其重要的作用，从而有利于促进农业的发展。但由于农民的合作意识较差，管理能力不高，政府应该在教育、培训和提供信息方面予以支持。

第二节　农业经济管理对农村发展的促进

一、农业经济管理为农村提供理论支持和制度保障

农业经济管理主要是根据我国现阶段农业发展状况和农村经济发展水平进行的必要管理，"对农产品生产、加工及销售具有直接影响，同时也决定着农村经济发展速度和发展水平"[①]。

---

①董立强. 试析农业经济管理对农村经济发展的促进作用 [J]. 山西农经，2021（21）：65.

（一）农业经济管理为农村提供理论支持

为了推动农村经济更好地发展，需要深入研究农业经济管理的相关制度和政策，通过科学的政策为农村经济发展提供理论指导，推动农村经济发展。

1. 调动农民的生产积极性

农村想要发展经济，就必须发挥农民的作用，运用农业经济管理理论，鼓励农民参与进来，在满足农民生活需要的前提下，让他们为社会发展作出自己的贡献。理论指导能从精神层面出发激励农民，农民为了获得更好的物质生活，会更加积极地投入农业生产，从而为农业经济发展提供动力。在传统农业劳作中，农民思想较落后，阻碍了农村经济的发展。在这种情况下，必须认识到理论思想的重要性，提高农民对经济发展的认知程度，调动农民的生产积极性。

2. 为农村经济发展提供帮助

为了提高农村经济发展效率，必须发挥农村经济的作用。随着社会经济的发展，市场环境得到优化，社会主义市场经济发展速度加快，社会稳定有序发展。但是，农村经济的价值并没有得到充分的重视。国家需要发挥农业经济管理制度的作用，明确农村经济地位，给予人们财政方面的支撑，帮助农村经济实现更好的发展。

3. 为农村经济发展指明方向

为了推动社会经济更好地发展，必须明确农村经济的发展方向，确保农村经济发展实现良性循环。同时，需要重视农村经济发展效果的提高，发挥农业经济管理的理论指导作用，推动农业经济高质量发展。

（二）农业经济管理为农村提供制度保障

除了能为农村经济发展提供政策和理论指导外，农业经济管理还能为农村经济发展提供制度保障，如财政扶持和政策制定等。制度扶持对实现农村经济更好地发展非常重要，必须认识到制度的重要性，相关部门需要营造良好的氛围，不断完善农村经济发展体系，加快农村经济发展速度。

1. 能健全农村经济发展制度

在农村经济发展中，制度保证是非常重要的组成部分，完善制度条例，为农村经济发展提供支撑，才能有效升级和优化农村经济结构。农村必须重视发展的各种影响因素，从而为农村经济发展提供制度保障。

农村经济发展制度建设涉及的内容比较多，具有复杂性和长期性的特点，为此，必须探索财政制度和管理制度，优化制度体系，协调各种关系，从而为工作的开展奠定基础，发挥制度的优越性，推动农村经济更好地发展。

2. 能制定有效的财政扶持政策

为了推动农业经济管理更好地发展，在农村经济发展中，必须制定完善的财政政策，并保证政策实施的有效性，发挥制度优势。财政政策的扶持能推动农村经济的发展，营造良好的发展环境，确保发展效率和质量的提高。这种情况下，必须重视财政政策的落实，为农村经济的发展提供帮助。

3. 能发挥财政制度的约束力

以往我国农村经济发展采取粗放式的发展模式，导致农村经济发展的系统性比较差，整体混乱、分散，很难形成有效合理的发展模式。农村经济运行效率不高，甚至有些农村地区存在违规和违法行为，严重破坏了市场发展秩序，损害了农村经济利益，挫败了农民参与的积极性。而农业经济管理能发挥财政制度的约束力，规范农村经济，切实提高农村经济发展的实际质量，为农村经济发展奠定基础。

二、农业经济管理为农村营造良好的农业发展氛围

"农业经济管理在对为农村经济发展提供方向指引、促进农村经济可持续发展、为农村经济发展提供良好的环境等方面有促进作用。"[①] 农业经济管理能帮助农村调整农业经济制度，为农村经济发展提供新的活力。在农业经济管理人员清晰了解农村产业结构和地理环境特点的情况下，能为当地更好地发展提供正确的方向。针对性措施的制定，能很好地利用和挖掘当地历史文化和人文特色，丰富农业文化内涵，从而为农村农业经济发展奠定基础。同时，推广绿色生态作物，完善农业生产系统，能很好地改善农村环境。农村特色风景建设能创造更好的农村环境。现代化设备的运用能合理利用农村土地资源，改善生态环境。

实施农业经济管理离不开良好的发展环境，而农业经济管理工作又会推动发展环境的提升。具体表现在以下三个方面。

1. 为农村经济发展提供动力支持

农业经济管理工作的开展和深化，使传统的农村经济发展模式发生变化，特别是各种措施的实施，为农村经济的健康发展创造了一个较为稳定和可预期的环境，有利于调动家

---

①朱小乐. 浅析农业经济管理对农村经济发展的促进作用 [J]. 南方农机，2022，53（4）：62.

庭农场、农民合作社等经营主体的主动性和积极性，有助于培育及吸引专业性人才参与到农村经济发展中来，为农村经济发展提供动力支持。

2. 有效化解农业纠纷

农村经济的快速发展必然会引发各种各样的问题，特别是经营主体之间的矛盾纠纷，当矛盾纠纷出现时必然会对农村经济的发展造成严重的制约和阻碍，通过实施有效的农业经济管理措施，能很好地针对各种经营主体之间的矛盾纠纷提出科学、合理的化解之策，及时将矛盾纠纷化解在萌芽状态，减少甚至避免各种矛盾纠纷阻碍农业经济的发展，确保农村经济发展有一个良好的发展环境。

3. 优化资源配置

农业经济管理可以将农村的生产资源进行整体规划，从整体上对资源进行优化配置，结合当地土壤环境、气候条件制订科学合理的方案，发展适合本地的农业生产，使农民朋友根据市场需求适时调整农业生产，避免盲目种植，尽最大可能减少对农村资源的闲置和浪费，从而最大限度地实现农业资源的有效利用，最终实现农产品产量的增加和农民收入的提高，从而提高农民在农村经济建设中的主动性和积极性，实现农村经济的繁荣，推动乡村振兴早日实现。

三、农业经济管理推动农村经济发展与农业发展

1. 有利于规范农村经济发展

在农村经济发展中，需要建立完善的规章制度规范农村经济管理的行为方式，解决农村经济发展中的不规范问题。分析农业经济管理能根据农村经济发展状况和农业发展状况中存在的问题，深入研究问题出现的原因、质量等因素，在此基础上提出针对性的解决措施，逐步优化和完善农村经济发展中的管理制度，为农村经济发展提供科学的制度保障。

另外，农业经济管理还可以调整农村经济的发展内容，充分结合农业经济管理与农村经济水平，提高农村经济发展的科学性和规范性，严格控制农业生产中的行为方式，充分发挥农业经济管理的促进作用，推动农村经济在现代社会的稳定发展，改善农民的经济状况。

2. 有利于加强农村经济信息化建设

现阶段是信息技术和计算机飞速发展的互联网时代，这也为农业经济管理和农村经济发展提供了大量信息技术，有利于农村经济信息化建设。在现阶段信息技术的影响下，农业经济管理充分借助互联网时代的技术优势，提高了农业经济发展效率，进而加快了农业

发展中的信息化建设脚步。在农业发展中，能根据信息技术掌握和整理农业发展中的数据信息，及时了解社会市场中的农作物价格，为农业生产和管理工作提供了先进的信息技术和管理手段。农业经济管理能将信息技术与农村经济发展充分结合，实时了解社会市场对农业生产的影响，同时结合社会市场对农产品的需求，极大程度地提高了农村经济发展的信息化和现代化。

3. 有利于推动农村农业发展

农业生产是农村经济发展的重要内容，在城乡一体化建设的影响下，对农业生产造成了一定影响，因此要通过农业经济管理推动农业发展，确保农村经济发展的稳定性。农业发展不只是农村经济发展的重要内容，也是社会经济发展的基础推动力。

农业经济管理能针对农业发展中的种植、收割、销售等环节进行有效管理，从而提高农业发展水平。农业供给侧结构性改革对农业发展具有较大影响，农业经济管理能培养农民的综合素质和技术能力，改变农业发展中的传统观念和传统手段，进而提高农业生产效率和销售效率，达到农业发展预期目标。推动农村经济的稳定发展，有利于实现农业生产转型和农业现代化发展。

第三节　农业经济管理对农村发展的助力

要想充分发挥农业经济管理的社会效益，提高农村金融供给能力，就必须精准施策，根据当前农村第一产业发展现状，有效满足农村经营发展需求，加强一切涉农产品的推广，为农村经济发展提供政策扶持，从而在乡村振兴战略背景下，充分发挥农业经济管理效益的最大化。

一、优化农业信息资源，加强信息化建设的策略

（一）农业信息化的认知

1. 农业信息化的基本内容

农业信息化既是农业现代化的重要内容和标志，又是实现农业现代化的必然途径。农业信息化是指通过优化农业信息化发展环境、建设农业信息基础设施、开发利用农业信息资源、完善农业信息服务体系、发展农业信息产业，促进农业生产经营者、管理服务者等

主体在农业生产、经营、管理、服务等各个领域应用现代信息技术，把传统农业改造成现代农业的过程。农业信息化的主要内容包括以下六个方面。

（1）农业信息化发展环境。农业生产经营者、服务组织等对信息化有迫切的需求，他们具备使用信息化手段的素质，是农业信息化的现实基础。全社会共同推进信息化，信息化的整体水平比较高，是农业信息化的客观条件。政府重视农业信息化，在规划、政策和财政上予以支持，是农业信息化的重要保证。

（2）农业信息基础设施。农业信息基础设施包括互联网、电信网、广播电视网及其他相关配套设施。互联网作为先进的信息传输技术，其宽带的普及率更是信息化的主要标志。电信网的主要功能是语音通信，与广播电视网的单向传播相比，电信网具有互动性。广播电视网是传输视听节目的重要载体。

（3）农业信息资源。农业信息资源包括农业数据库、信息系统及农业网站。农业信息资源的基本要素是数据，数据作为客观事实的表现形式被存储在数据库中。农业信息系统对信息资源进行收集、加工、处理，为农业生产经营、管理服务提供决策支持。农业网站搜集、处理、发布各种农业信息，为农业信息交换提供便捷高效的平台。

（4）农业信息服务体系。农业信息服务体系包括信息服务机构和信息服务队伍。信息服务机构包括国家和省级信息服务平台、县信息服务中心、乡镇信息服务站、村信息服务点以及农民专业合作社等。信息服务队伍是从事信息搜集、信息处理、信息发布的各类人员，包括农村信息员。

（5）农业信息产业。农业信息产业包括与农业信息化有关的电子设备制造业、软件开发业和信息服务业。电子设备制造业包括计算机、智能农业机械和设备、信息接收终端等硬件的生产。软件开发业指动植物生长模型、专家诊断系统、生产经营决策系统、行政管理系统、数据库等软件的开发。信息服务业主要从事农业网站的运行、专业性信息的服务等。

（6）农业信息技术应用。农业信息技术应用主要包括四个方面：①农业生产信息化。农业生产者利用自动感知、可靠传输、智能处理和控制等技术，在大田种植、设施园艺、畜牧业和渔业生产过程中采取精准农业生产管理措施技术。②农业经营信息化。农业经营主体利用 ERP 等信息系统和电子商务等技术，在农场管理和经营决策上实现智能化，在农业生产资料采购、农产品销售等方面实现电子商务化。③农业管理信息化。农业主管部门在农业资源和环境管理、行业管理、农情监测、市场监测、农产品质量安全监管、农资监管、动物疫病防控、渔政管理等方面充分利用信息技术和装备。④农业服务信息化。政府和服务机构建设不同层次和类型的农业信息服务平台，为农业生产经营者提供行政审批以及政策、科技、市场等信息服务。农业生产经营者通过互联网、移动终端，能便捷地使用各种信息服务。

2. 农业信息化的主要意义

农业信息化对农业的转型发展和农业现代化具有重要意义。

（1）农业信息化是实现决策科学化的重要手段。农业系统的复杂性、动态性、模糊性和随机性决定了经营决策和生产管理的复杂性。制定有效的农业决策，需要多学科、多知识的综合利用，同时还应充分利用专家的知识与经验。农业决策支持系统、专家系统、动植物生长模型等信息技术的运用，能大大提高农业经营决策的科学性和生产管理的科学化。

（2）农业信息化是提高农业生产经营效益的有效措施。表现在：利用信息技术模拟试验和数据分析，可以降低农业科研的成本，缩短农业科研的时间，提高农业科研效率；利用信息技术进行农业生产过程的设计、农业生产要素的精准化投入，可以降低农业生产成本；利用信息技术进行预测，可以增强农业抵御自然灾害的能力，避免不应有的损失；利用信息服务平台，可以快捷并低成本地掌握农业新品种、农业新技术、农产品供求和农业农村经济政策等信息，从而节省决策所需要的信息成本。

（3）农业信息化是实现资源高效配置的重要手段。农业信息化实现了农村与城市、国内与国外的互联互通，从而使农业发展可以充分利用国内和国外两种资源、国内和国际两个市场，优化资源配置，扩大农产品市场；农村富余劳动力可以根据各地的需求信息实现顺畅有序的流动，从而加速工业化和城镇化进程，为农业现代化提供有利条件；农业科研机构可以为自己的科研成果找到理想的应用场所，农业科技人才也可以根据各地对人才的需求进行有序流动。因此，农业信息化可以优化资源的配置，提高资源配置的效率。

（4）农业信息化是实现农业现代化的必然途径。农业现代化要求运用现代农业技术和设备武装农业，用现代科学管理方法组织管理农业。农业信息化有利于农业科学技术的推广应用，加速科学技术的应用速度；有利于提高农业机械设备的自动化、智能化程度，提高农业的机械化水平；有利于解决信息不全或不及时的问题，提高农业的科学管理和决策水平；有利于对农民开展远程技术培训，提高农业生产经营者的文化和科技素质。

（5）农业信息化有利于城乡一体化发展。推进农业信息化，提升农业综合信息服务能力，满足农民群众日益增长的生产经营和文化生活的信息需求，是实现城乡公共服务均等化、统筹城乡一体化发展的有效途径。

（二）农业信息化对农业经济增长的影响力

1. 农村信息基础设施建设带来的影响

农村基础设施，特别是道路、电力、通信和水利灌溉等的投资建设对农业产出的增长具有明显的促进作用，并且这些投资建设对农业生产的边际收益也因地理环境而存在一定的差异性，比较经济欠发达地区的投资边际收益明显高于相对发达的农村地区。

（1）经济实力相对低下的农民可通过基础设施建设投资获得更好的教育、医疗服务和政府提供的便利，间接的途径主要包含了交通运输成本的下降、就业机会增加和生产率的提高。

（2）良好的信息化基础设施能通过投资乘数效应、成本效应、结构效应、需求效应和环境效应从而提高整个社会的规模经济效益。

（3）农村信息基础设施建设能推动农业经济结构变革、增加居民就业、缩短城乡差距，促进农业经济的增长。

根据农业资源开发增长理论，在运用新技术不断调整生产的过程中，农业生产结构也得到了较大的改变，以适应社会发展的要求。良好的培训对农业经营者来说是非常关键的，通过加大科技和教育投入来促进农业增长是农业经济增长理论的核心。技术和知识也是信息化的一种表现形式，信息化的发展也离不开知识和技术的积累。实证分析中，农业信息化，尤其是农村人口拥有移动电话数量的增多促进了农业经济的增长。在移动电话刚刚发明之时，属于外部影响的驱动创新机理，农户利用移动电话查询信息、沟通商贸、扩大销量、实现增收；而在移动电话技术成熟慢慢普及后，外部影响中技术扩散机理会使更多的农户拥有移动电话，更便捷地接收信息，促进信息流动，通过信息融合其他生产要素实现增收。

根据诱导发展理论，在经济力量的诱导下，信息频繁流动，对移动电话的需求增多，同时，移动电话的拥有量增加后，获取信息的途径更加多元、便捷，有利于农业信息获取、农产品信息交换，提高农户收入。涉农企业、公共部门、涉农人员在自主选择的过程中相互影响。因此，应当通过完善信息化基础设施建设这一有效途径来促进农业增收，拉动农业经济发展。

2. 农村信息化人力资本带来的影响

信息技术人力资本作为一种新型资源性要素，通过改变知识的传播速度和存储量来实现资源互换和信息扩散。人力资本对我国农业经济的增长起到了重要的推动作用，其正向效应十分显著。加强农村信息服务队伍建设，加强农村信息化建设格局，通过人才引进、培训、激励等手段，把我国农业信息人才保障机制建立起来。人力资本可以提高产业生产效率，同时带动企业技术改革以此实现收益递增良性循环。

首先，人力资本投入仅可以提高自身生产效率，而且能抵消生产中的收益递减规律的影响，使资本的收益率提高，从而促进经济增长，同时可以带动其他生产要素使用效率的提高。

其次，人力资本不同于物质资本的是其不会抵消生产中收益递减规律。从全社会角度看，人力资本对经济增长还呈现出收益递增特性。人力资本的另一特性是其伴随经济增长率提高促进增长率速度，在经济增长率下降时会减缓其下降速度；信息化人力资本积累具有外溢性，新的农业知识和方法在单个企业或部门产生示范作用，达到外部经济效果。

3. 网络应用与农业信息化普及带来的影响

我国农民个人、小型涉农企业、政府涉农部门对农业信息包括气象信息、市场对农产品需求信息、市场农产品库存信息都有迫切的需求。信息来源渠道除传统交谈方式以外，更多的是通过现代通信技术（手机短信、微信订阅号、远程教育网站）来获取最及时的涉农信息，使农民更加科学有效地投入农业生产中，精准生产符合市场需求的农产品数量和质量。适时整合劳动力资源、社会生产资料、经营不善的小型涉农企业等，合理规范化生产，达到符合国内现代人的需求标准，符合出口标准，从而推进我国农产品进出口贸易。

（三）利用农业信息化优化农业经济的策略

1. 加大对农村信息化建设资金投入

位于经济腹地和信息腹地的地区利用丰富的资源率先完成资本的积累，随后可以将资金投入农业信息化建设中去，促进农业经济的发展。根据农业资源开发增长理论，农业投资的数量会对不同地区农业生产率产生较大的影响。资金投入与农业经济的发展是呈正相关的，即农业投资的金额增多，我国农业生产率会提高，第一产业收入会增多。这表明在乡村振兴战略下，应当进一步增加对农业的资金投入：一方面，政府可以联合金融机构通过普惠金融、助农小额信贷等多种途径鼓励农业产业发展；另一方面，政府加大对农村信息化资金投入，提高农业信息化的软件、硬件设施，促进农业经济的发展。

2. 完善农村信息化基础设施建设

提高对农业信息化基础设施建设的充分认识，加强各级政府和社会各个部门的公众意识和教育，提高各地对农村意识建设的认识，并全方位完善农村信息基础设施建设，如农村通信和网络等项目。

（1）通过三网融合协调城乡信息基础设施建设。深度整合城乡信息基础设施建设，微调和优化城乡信息传递结构，促进城乡信息资源配置，促进资金投入和技术引进向农村倾斜，认真部署和加快路网整合，弥合城乡信息鸿沟。

（2）促进适当农业信息终端设备的开发和推广。信息终端的建设是创建农村计算机化的重要组成部分。建立当前农村信息基础设施的一个重要方面是低成本，易于使用的农村信息终端的迅速发展和运营。关键在于农村情报部门能否进入家庭。加强科研机构、信息技术公司、电信运营商等力量的合作，促进农业信息终端的生产和推广，提高农村信息终端的普及率。计算机、农业智能手机和可以访问信息的新型简单座机都是为农民定制的。同时，宽带、附件套件和其他技术创新是使它们成为新的终端设备的新技术。建立下一代信息基础设施，发展现代信息产业系统，促进信息网络技术的深入发展和使用。

二、实现农产品品牌化，促进农业品牌经济增长

（一）农产品品牌建设的效用

"随着现代网络信息技术手段的日益发达，农产品的营销推广模式也更加多样化，我国的农产品营销开始逐步走向了品牌时代。"[1] 农产品品牌建设与工业品品牌建设相比具有更多的社会价值，下面分别从农民、政府和消费者三个角度阐述。

1. 对农民而言

农产品品牌建设有利于收入水平的增加。农产品品牌建设推动了订单生产，鼓励农户根据其本身或其所在的乡村组织同农业企业或行业协会之间签订订单，有计划地组织安排农产品生产，规避蛛网波动带来的市场风险，确保农产品稳定的销量和畅通的渠道。农产品区域品牌经注册后获得商标专用权，将地方资源优势转变为品牌优势，维护了特定产区农户的合法权益。在农产品品牌建设中产生的优势品牌能带来超过农产品价值以外的附加价值，即品牌价值溢价，使农民收入有了较大幅度的增长，在一定程度上促进了"三农"问题的解决。

2. 对政府而言

农产品品牌建设促进经济发展。农产品品牌建设有利于形成较好的市场机制，促使生产要素资源和消费品资源按市场化原则进行流动。农产品品牌建设将生产领域和消费领域

---

①刘冬林，樵楠. 新时代农产品品牌战略及营销策略 [J]. 农村实用技术，2022，251（10）：67.

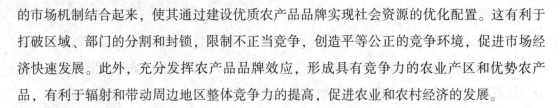

的市场机制结合起来，使其通过建设优质农产品品牌实现社会资源的优化配置。这有利于打破区域、部门的分割和封锁，限制不正当竞争，创造平等公正的竞争环境，促进市场经济快速发展。此外，充分发挥农产品品牌效应，形成具有竞争力的农业产区和优势农产品，有利于辐射和带动周边地区整体竞争力的提高，促进农业和农村经济的发展。

3. 对消费者而言

农产品品牌建设有利于满足健康消费需求。品牌农产品在产品质量、文化内涵、包装广告等方面均趋于规范，使农产品品牌成为对消费者选购产品有支持作用的一个重要信息源，它有利于解决农产品市场信息不对称的问题。同时，农业生产者为维护品牌形象和品牌声誉，必将恪守给予消费者的利益，保证农产品有稳定的高质量。

（二）农产品品牌的特殊性

农产品品牌具有一般品牌的共性，即作为一种产品信息的识别标志，能产生消费者的品牌忠诚，约束生产者保持产品质量、维持产品形象，提升产品竞争力。由于农产品自身的一些产品特性，如农产品的可分性（生产规模可大可小）、农产品极强的地缘性等，使农产品品牌建设还有其特殊性。

1. 品牌更具地域性

一般来说，只要具备生产资料和相关技术，任何地区都有条件生产出符合质量标准的工业品。工业品受地域的影响较小，而农产品与之有很大不同。农产品品质受外界环境影响很大，不同区域的地理环境、土质、温湿度、日照等自然条件的差异，都会影响农产品品质的形成。即便是同一品种，也很可能随外部环境的变化而发生较大的品质差异。地域性在农产品区域品牌方面的表现尤为明显。地理标志作为一种区域品牌就是对特定农产品与其地域来源之间的关系的证明，如新疆香梨、南丰蜜橘、日照东港绿茶和涪陵榨菜等地理标志均反映了农产品品牌的特殊性。由于农产品品牌更具地域性，农产品品牌的创建较工业品难，是一个集文化、经济和历史于一体并相互作用的过程，更为注重对传统资源优势的利用和挖掘、传统名优产品的保护和改进。

2. 品牌创建主体更多元

工业品品牌建设需要行业协会的推动作用，但它主要是一个企业行为，这区别于农产品品牌。出于农产品的可分性和品牌建设环节上的复杂性，单个农户较难独立地完成一项农产品品牌建设。农产品品牌建设是一项群体性活动，它既是农民的行为，也是农业企业的行为。此外，还需要有农业行业协会以及政府的参与和支持。如对区域品牌来说，每个农户、农产品企业或者专业合作社均是品牌的创建者与经营者，是品牌的共享主体，且与当地政府和农业行业协会有着密切的联系。对农业企业品牌也是如此，农业企业向农户收购的初级产品的质量是企业产品质量的基础，企业与农户之间的利润共享机制决定了农户必须参与农业企业的品牌建设，农户的行为在一定程度上影响着企业品牌的维护。

3. 品牌效应的外部性强

在一般情况下，工业品品牌只惠及所属企业旗下的产品组合，而农产品品牌却有较强的外部性，像地理标志或者某个被公众普遍认同的农产品品牌概念就会产生较大的外部性。

（1）区域品牌的外部性。地理标志是准公共物品，对原产地农户具有明显的外部性。对符合条件的原产地农业生产经营者，区域品牌的品牌效应使其无须付出成本而获得消费者认同。地理标志对特定产区以外的同类产品还具有排他性，使区内生产者获得垄断受益。如章丘大葱地理标志的注册人为章丘大葱科学研究会，该地理标志的保护范围是章丘市中北部的辛寨、圣井、水寨等12个乡镇，充分显示出农业区域品牌的正外部性。

（2）品牌概念的外部性。如华龙日清集团推出今麦郎弹面的概念，符合了消费者认为弹可以更好地体现面的韧性的观念，遂成为一种高品质的象征。因为弹面的概念不具有企业的特性，在生产技术上也容易模仿，之后就出现了很多同行业竞争企业的无偿借用，成为整个行业的共有资产。

综上所述，出于农产品的特殊性，使农产品品牌建设过程不同于工业品等其他品牌。一方面，农产品品牌的地域性特征要求其保护模式有所创新，其中"行业协会+地理标志"被认为能较好地防止非原产地产品冒用和原产地企业滥用农产品品牌；另一方面，农产品品牌存在创建主体的多元性和品牌效应的外部性，它使品牌的建设主体相对缺乏创建和维护品牌的积极性，并且在一定程度上增加了农产品品牌建设的复杂性和难度。

（三）增强农产品品牌建设的有效措施

1. 加强农产品品牌意识

我国农产品品牌相对缺失的主要原因之一是农业生产经营者的品牌意识较为淡薄。进行农产品品牌建设，应该形成对知识产权的保护意识。农产品品牌建设不仅是培育品牌的过程，也是维护品牌的过程。

（1）农业生产经营者要积极进行商标和专利的申报和注册登记。政府有关部门也要督促和指导农产品生产经营部门完成申报注册工作。

（2）重视地理标志的申请和保护。地理标志的权利主体可以是龙头企业、行业协会或政府指定的地理标志产品保护申请机构。我国有市场影响的地区性农产品尽可能多地申请地理标志，在加强地理标志保护的同时，还应提高农业企业的商标意识，从而使农业企业的产品可以受到地理标志证明商标和自身商标的双重保护。这也就是在共同维护区域品牌的同时建设农业企业自有品牌的过程。

农业生产者只有充分意识到品牌作为一种新竞争力在当今贸易中的重要作用，才能树立新的农业发展观。随着生活水平的不断提高和品牌意识的加强，消费者会愈加信赖和倾向品牌农产品，农业生产者只有实施品牌战略才能在竞争中生存和发展。

2. 重视农产品质量基础

质量是品牌建设的基础。农产品的质量过关，才能谈及农产品品牌建设的问题。我国许多农产品产量在世界上都居前列，但是其国际竞争力却不强，这与我国农产品的质量不高有很重要的关系。针对我国农产品在安全性、风味性和营养性等方面存在的问题，应该从以下两点提高我国农产品的质量水平。

（1）全面提升农产品质量。农业生产者要不断学习先进农业技术，科学地管理农业生产，实现农业生产的标准化，为农产品品牌建设打好基础。农业企业在收购农产品时应对整个生产过程，从品种选育、产品培育、病害的防治、农药使用、仓储等进行质量监控和定点收购，对未能达到标准的产品不予收购。农业企业还应加大科研资金的投入，积极引进农业科技人才，改革激励机制，促进技术创新，使农产品不断向高附加值产品延伸。不断完善农产品物流基础设施的建设，实现产后农产品质量的维护和保证。

（2）完善农产品质量安全体系。我国农业部应针对农产品质量安全工作的特点、难点和重点，构建长效机制、提高监管能力，努力加强农业标准化生产能力、农业投入品监管能力、农产品质量安全例行监测能力、农产品质量安全追溯能力和农产品质量安全技术创新能力的建设，进一步提高我国农产品质量安全水平。

3. 深化农业产业化经营

进行农产品品牌建设，需要围绕某种产品生产，形成集种养、产销、服务于一体的专业化生产经营，做到每个环节的专业化和产业化。农产品生产者要从原来的各自为政，到互相整合、共同发展，培育具有市场竞争力的优势产业和产品，实现农产品的最大价值。因此，农产品品牌建设亟须实行农业产业化和整合品牌形成合力。

（1）增强农业产业化建设。进行农产品品牌建设必须进行农业产业化经营，形成规模经济效益，实施农业企业、生产基地、农户相结合的运行机制。在生产方面，建立行业协会，实行不同程度的企业化管理与经营；以特色农业为龙头，聚集众多分散生产单元，走规模化和标准化道路。在市场方面，建立有特点的品牌产品产地市场，集中销售当地的名优农产品，同时建立稳定的销售渠道，开拓新的业务关系，促进农产品的大流通。在销售方面，将农产品品牌与产品的包装、标签和农业企业的视觉形象相结合，提高其品牌形象，运用多种促销手段扩大农产品的知晓范围，提高公众对农业企业形象的认知度和美誉度，建立和保持高度的品牌忠诚。我国大多数地区存在的农业无序生产的现状亟须改变，必须以形成品牌竞争力为目标，实现农产品种植、培养、加工和销售一体化的经营。

（2）整合分散、细小的农产品品牌。一品多牌造成各种优质农产品很难形成合力，这在我国多种农产品的市场上都存在。农产品等级不明、质量标准不一、质优价不优、市场知名度不高、产品竞争力不强及所占市场份额小等，严重阻碍了农产品品牌建设。农产品品牌整合可以在农业企业自愿的情况下双向选择，也可以由相关部门统一申请地理标志。地理标志只有经审查合格后的农业生产经营者才可以使用。农产品品牌整合过程必须以保证和提高农产品质量为核心，才有利于提升农产品品牌形象，增强品牌渗透力。品牌整合后，农产品统一品牌、统一标识、统一包装、统一价格（一定区域范围内）、统一销售。在农产品品牌建设过程中要坚持共享品牌、共享资源、共享信息、共享利益、共担风险的原则，使整合品牌的农业企业互惠互利、共同发展。

第七章 企业经济管理实践

第一节 企业经济管理的本质与特点

一、企业经济管理的本质

企业经济管理是实现企业所拥有资产和资源价值以及企业经济的实际操作管理的手段，并且在现代企业经济发展过程中，能对有关企业的经济活动进行科学有效的管理和组织，通过采取相应的控制性措施，提高企业经济效益，促进企业科学稳定地发展。"做好企业经济管理能提高企业市场竞争力，有助于企业长远稳定地发展。"① 现代企业发展过程中，做好经济管理的根本目的是通过企业进行科学有效的经济管理，提高企业的竞争能力，从而保证企业的经济效益持续提升。

企业经济管理的主要任务是企业结合自身发展实际和生产经营特点，制定出科学、有效、合理的企业经济管理模式，通过对企业产品的市场价格进行科学调整，保证企业更好地控制升级生产经营成本，实现企业资源的优化配置和高效利用，以此来降低企业生产经营过程中的成本花费。从现代企业经济操作管理角度分析，企业经济管理还需要做好企业日常资金的预算工作，做好生产过程中的资金核算，从而促进企业经济管理效益提升，提升企业经济管理的效率和质量。

科学合理的经济管理体系是顺利完成企业各项经济活动的基本保证，因此，企业若想在竞争极其激烈的环境下生存下来，科学的经济管理体系是非常必要的。建立科学的经济管理体系的目的在于对企业各项经济活动进行统一规划、监控、组织与协调，并在现有条件下令人力、物力资源得到最大化发挥，并通过开展一系列企业经济管理活动确保各项经济行为的有序与顺利完成。经济管理体系的科学与否将直接影响到企业在市场上的运作状况良好与否，为了使企业实现可持续发展，现代企业应当积极主动地去构建、完善经济管

---

① 王健. 市场经济下国有企业经济管理探讨 [J]. 中国商论，2022 (17)：139-141.

理体系，只有这样才能提高企业的核心竞争力，实现企业可持续的全面发展。

二、企业经济管理的特点

现代企业是按投资者、国家和社会所赋予的受托责任，从事生产、流通或服务性等活动，为满足社会需要并获得盈利，进行自主经营，自负盈亏，独立核算，独立享有民事权利和承担民事责任的团体法人，是市场经济社会中代表企业组织的最先进形式和未来主流发展趋势的企业组织形式。现代企业经济管理具有产权明晰、权责明确、政企分开、管理科学的特点。具体如下。

（一）产权明晰

产权明晰是经济管理的首要特征，是实现权责明确、政企分开、管理科学的前提、基础和必要条件，是有效建立企业经济管理体系的关键性环节。产权清晰包括两方面的内容：一是在投资主体多元化的情况下，在狭义所有权层次上进行产权界定，根据谁投资谁所有的原则，弄清所有权归谁；二是狭义所有权与其他产权拥有主体的产权界定，笼统地讲，也就是划分出资人所有权与企业法人财产权。强有力的产权约束必然造成严格的与自觉的从而也是充分的责任。一系列的放权措施使企业经营者有了生产经营和其他方面的权利。但松弛的产权关系的缺陷因为这种放权而失去了行政约束的屏障。所以，权责明确的前提是理顺产权关系，建立对企业经营者形成强有力约束的产权制度。

产权明晰是一个过程，而且是一个动态的市场化过程，动态博弈的过程。从历史上看，财产权是一个逐步明晰、逐步具体化的过程。从原始社会发展到现代，产权观念从单一的所有权观念分解为具体的所有、使用、收益和让渡等权利概念。从短时间看，产权清晰也不是一成不变的，企业的状况在变，资产结构的不同及债权结构的不同，产权也有不同的权属内容。一般在企业正常经营里有满意的回报时，企业经营者有充分的自主权；而在回报不满意时，投资者的介入经营常常发生，职业经理的权力受到限制；当经营出现问题，影响职工利益或债权人利益时，他们也有参与管理甚至接管企业经营者的权力。总之，产权明晰是一个持久的动态过程。

在产权关系明晰的公司制下，董事会是所有者的代表，出于维护和增进自身利益的需要，将管理者的经营能力作为主要标准择优录用，并在实践中加以考评。通过这种强有力的产权约束机制，使管理岗位上永远有优秀的管理者。因此，优秀的管理者和良好的企业管理可以说是建立在产权明晰基础上的一种派生效果。事实上，良好的产权关系本身蕴含着遴选优秀管理者的机制。由此可见，产权明晰是责权明确、政企分开、管理科学的基础。

（二）权责明确

权责明确指的是出资者按投入企业的资本额享有所有权的权益，即资产收益、重大决策和选择管理者等权利，但当企业亏损或破产时，出资者只对企业的债务承担以出资额为限的有限责任；出资者不直接参与企业的具体经营活动，不直接支配企业的法人财产。企业拥有法人财产权，享有自主经营的权利，但要以全部法人财产承担自负盈亏，照章纳税的责任，企业以自己的名义和全部法人财产享有民事权利，但同时也要以全部法人财产承担民事责任。企业行使自主权必须对出资者履行义务，依法维护出资者权益，对出资者资产承担保值增值的责任，而不是损害出资者的权益。

权责明确是从两个层次上讲的，是在两个层次上明确相应的权利和责任。第一个层次是就出资者和企业的关系而言，它明确要求出资者通过成为投资主体，对企业资产行使相应的所有者权利，承担所有者的义务。也就是说，按投入企业的资本额，享有资产收益、重大决策和选择管理者等权利。企业破产时，各投资主体只以他投入该企业中的资本额对企业债务担负相应的有限责任。第二个层次是就企业内部关系而言的，虽然企业的经营者不完全是甚至没有出资，因而不是这个企业的出资人，但企业一旦成立而成为法人企业后，企业本身便获得了一定的独立地位，拥有包括国有资本投资主体在内的各类投资者投资所形成的企业法人财产，并可在市场中依法运作这些财产，对这些资产享有占有、使用、处置和收益的权利，并在破产时以全部法人财产对其债务承担责任。具体来说，权责明确包括以下三个方面。

1. 产权人权力到位

谁拥有产权，谁就拥有所有权及在产权束没有分解前提下的支配权、占有权和收益权。然而，这种权力并不可无限滥用。不仅要明确权责的一致，还要明确权力的有限。在任何产权制度下，完全不受限制的产权是不存在的。产权权力的行使总是限定在一定范围内。

2. 产权人利益明确

在产权一元化产权束却没有分解的情况下，产权人的利益并不需要进一步明确。在所有权与使用权相分离、产权收益需分割的情况下，利益明确的问题，就客观地摆上了议程。产权的所有人与产权的使用人要通过契约等方式，把产权利益各方应获得的利益事先明确下来，使各项权能执行主体在产权运营过程中知道自己应获得的收益。

3. 产权人责任落实

有权无责和有责无权都不是健全的现代产权制度条件下应看到的现象。产权人权力和利益的明确，客观上已经产生用相应责任相互制衡的必要。权责明确中已明示责任应在明确之中。责任既包括出资人的责任，也包括行使经营权的经营者的责任。

（三）政企分开

政企分开是政府行政管理职能、宏观和行业管理职能与企业经营职能分开。一方面，政府不再是微观经济活动的实体，只做国家或全民代表维护人民的根本利益，企业成为真正意义上的经济活动的实体和主体。另一方面，在经济运行机制中，国有资产实行所有权和经营权分离：凡是国家法令规定属于企业行使的职权，各级政府都不得干预；凡是下放给企业的权利，中央政府部门和地方政府都无权截留；凡是市场能解决的问题，都交由市场调节，政府部门不能再干预企业的生产经营管理等具体过程。

政企分离改革的目标主要包括：政府从干预企业经营活动的事务中退出来，促使企业经营权的本位回归；解决政府与市场之间的关系问题，让市场机制发挥应有的资源配置优化作用；尊重客观规律，还原企业部门在私人产品生产和提供上的主体地位。

政企分离改革的对象是企业部门，主要包括城市的工商、运输、建筑等企业，也包括乡村的各种农业生产单位。政企分离改革的切入点是政府对企业管理体制的变革。一方面，政企分离可以厘清企业与政府的关系，把企业放到自由竞争的市场上，让企业在市场机制的调节下发挥出自己最大的潜能，这样企业可以根据市场情况进行自主决策、自主经营、自负盈亏、自我发展，并承担起自己应有的职责；另一方面，把政府从管理企业的纷繁事务中解放出来，把精力放在构建、完善市场体系和发展社会经济，更好地生产和提供各种公共产品。

（四）管理科学

管理科学是宽泛的概念。从广泛的意义上说，它包括了企业组织合理化的含义；从较窄的意义上说，管理科学要求企业管理的各个方面，如质量管理、生产管理、供应管理、销售管理、研究开发管理、人事管理等方面的科学化。管理致力于调动人的积极性、创造性，其核心是激励、约束机制。要使管理科学，就要学习、创造，并引入先进的管理方式。对管理是否科学虽然可以从企业所采取的具体管理方式的先进性上来判断，但最终还要从管理的经济效率上，即管理成本和管理收益的比较上作出评判。

第二节 企业经济管理的内容及其创新

企业经济管理主要包括战略管理、营销管理、质量管理、财务管理和人力资源管理五个方面的内容。

一、企业经济管理之战略管理及其创新

(一)战略管理的解读

1. 战略管理的界定

企业战略管理是企业确定其使命,根据组织外部环境和内部条件设定企业的战略目标,为保证目标的正确落实和实现进行谋划,并依靠企业内部能力将这种谋划和决策付诸实施,以及在实施过程中进行控制的一个动态管理过程。

战略管理和企业战略的概念略有不同,不能混淆。企业战略是指企业根据环境的变化、本身的资源和实力选择适合的经营领域和产品,形成自己的核心竞争力,并通过差异化在竞争中取胜,对企业发展目标、达成目标的途径和手段的总体谋划。这两个概念的着眼点不同,战略管理强调的是行动和过程,是由分析形势和环境、形成战略方案、执行战略方案、反馈和控制等几个相互连接的过程组成;企业战略强调的是在总体分析判断基础上的系统谋划,是一套整体的策略体系,其包括企业内外部环境因素分析、企业战略目标选择、实现目标的途径方式、实施战略所形成的策略体系等多种要素。

2. 战略管理的特征

(1)战略管理具有全局性。企业的战略管理是以企业全局为研究对象,确定企业的总体目标,规定企业的总体行动,追求企业的总体效果。战略管理不是强调企业某一事业部门或某一职能部门的重要性,而是通过制定企业的使命、目标和战略来协调企业各部门自身的表现,以及它们对实现企业使命、目标、战略的贡献大小。这样也就使战略管理具有综合性和全局性的特点。

(2)战略管理从时间上说具有长期性和相对稳定性。战略的目的是创造未来,那种由于环境变化而导致的企业应急反应等临时的决定不属于战略问题,只有对企业未来有深远影响的才属于战略问题。所以在一定时期内,企业战略应该保持稳定,不可随意更改,当

企业外部环境和内部条件确实发生了重大变化，企业战略应该随之改变，所以说战略是相对稳定的。

（3）战略具有竞争性，这是形成企业竞争优势的基础。要求企业不仅要有主动适应未来环境变化的能力，还要有改造未来环境的能力。

（4）战略管理具有风险性，指战略考虑企业的未来，而未来具有不确定性，因而战略必然具有风险性。

（二）战略管理的创新

1. 管理理念的创新

经济新常态背景下，管理思路的优势被削弱，企业之间的竞争更加透明化和多样化。消费者的需求越来越多样化，与企业之间的联系也更加紧密。要想更好地满足消费者的个性化需求，为用户提供个性化管理服务，企业必须创新战略管理观念，加强战略管理的控制。

新时代环境下，消费者需求不断走向多元化和个性化，企业经营管理只有充分了解消费者的需求，才能获得更多消费者的青睐，促进企业的健康稳定发展。企业创新管理理念时，要在充分掌握市场动向和消费者实际需求的基础上进行创新，树立开放共赢的管理理念，从而更好地融入市场经济中，提高企业的市场竞争力。

2. 竞争战略的创新

企业经营发展过程中，企业之间的竞争主要体现在需求方面，营销重点也在需求方面，因此企业会投入大量的资源，造成不同程度的资源浪费现象。经济新常态下，企业进行战略管理创新，需要加强需求端创新，在发展过程中不断进行竞争战略的创新。

竞争战略理论将企业之间的竞争分为低成本战略、集中战略和差异化战略，这些战略都是基于需求进行的划分。

结合竞争优势，参考相似产品的案例，企业进行重复生产，采取低价营销策略，提高经济效益，提高企业在市场的占有份额。这种低价营销策略是利用价格战进行的营销，这种方式容易引起市场交易混乱，对市场发展是非常不利的。

运用集中战略，企业可以找到发展的突破点，突出企业的竞争优势，从而提高企业在同行业中的竞争力。

运用差异化战略，企业需要从消费者需求出发，通过收集和分析消费者相关信息，对消费者的需求和消费习惯有全面的了解，进而明确生产的侧重点，吸引更多的消费者购买。但是使用差异化战略，容易增加企业的生产风险，对企业发展造成不良影响。

在经济新常态背景下，企业仍然要根据消费者的需求创新营销策略，在营销过程中不断地反思，及时发现问题解决问题，促使企业战略管理工作更具针对性，进一步提高企业的业务竞争水平，保障企业的健康发展。

3. 营销战略的创新

对企业的发展而言，在制定发展战略的过程中，营销战略是非常重要的组成部分。大部分企业在营销时都会投入大量的成本，由于对消费者的需求掌握得不够全面，企业利用媒体进行宣传时，并没有制定出有针对性的营销方案。进入经济新常态之后，企业必须加强对产品研发的重视，这样就能为产品营销节省更多的成本。企业节省营销开支并不代表缩减宣传成本，而是要针对消费者的需求进行推广，这样才能提高企业的销售业绩。

结合社会经济的发展现状，企业在对传统营销战略进行创新的过程中要提高营销策略的针对性。企业生产出来的产品在销售时要找准产品的定位，结合消费者的实际需求制定相应的营销方案，从而增加消费者的黏性。因此，企业可以利用微博或者微信等新媒体平台建立"粉丝"群，将"粉丝"转化客户为主要目标，鼓励"粉丝"在产品研发过程中提出意见，引导分析帮助企业宣传产品，从而提高企业产品的知名度。

4. 运营战略的创新

很多企业在生产产品的过程中采用的都是机械化的生产模式，虽然这种模式能在短时间内为企业获取一定的利润，但结合企业的战略发展目标，这种落后的营销模式会造成大量的产品积压，从而为企业的资金造成一定的压力。因此，企业要将精力放在减少库存上，这样就能减轻企业的运行压力，促使企业将更多的精力放在发展上，摒弃固有的经营理念，结合市场的发展需求对传统的运营流程进行调整。另外，企业运营和营销之间的关系也非常重要，所以两者之间必须建立有效的沟通桥梁，消费者对产品提出全新的需求之后，企业就要快速制定可行性生产方案，这样才能提升自身在市场环境中的核心竞争力。

总而言之，为了能让企业适应经济新常态的市场环境，企业在对战略管理进行创新的过程中，必须提高创新力度，使企业管理工作具有针对性，构建完善的管理制度，对企业的人才培训模式做出相应的调整，从而推动企业实行市场环境的变化。

二、企业经济管理之营销管理及其创新

(一) 营销管理的解读

1. 市场营销的相关概念

（1）需要、欲望、需求。市场营销最基础的概念是人类的需要，需要就是人的感受，

人们在身心的某方面没有得到满足，就会产生需要。欲望就是人们的心愿，人们希望获取某种东西，从而使自身的需要得到满足。需求就是一种欲望，人们有足够的支付能力，才可以成为人们满足需求的保证。对企业来说，只有高度重视人们的需求，并且仔细研究，才会对市场有更准确的把握。

（2）产品。产品是一种载体，承载着人们的欲望和需要，无论是有形的产品，还是无形的产品，无论是精神上的产品还是物质上的产品，其最重要的作用就是满足人们的需要和欲望，而其形态以及其他方面则并不是特别重要。

（3）效用、费用和满足。人们在选择产品时，除了会选择自己需要的产品以外，还会考虑产品的效用如何，以及价值如何。效用是一个相对主观的感受，是一个产品是否满足人们需要和欲望的能力，而价值则更加复杂一些。

（4）交换、交易和关系。营销的发生通常是由于人们对某一种商品产生需要，然后决定进行交换。市场交换的要素分别是：①买卖者至少要有两个；②所交换的产品必须是双方都认为有价值的东西；③交换双方可以决定自己是否要接受产品，具有绝对的自由；④交换双方必须具有将货物传送给另一方的能力，同时交换双方必须能进行信息的沟通和交流；⑤交换双方达成共识，都认为对方的产品是值得交换的。只有满足以上五个要素，交换才具备了发生的条件。但是并不是说上述五个条件都符合以后就一定会发生交换，交换最终能否成功还取决于交换双方对交换产品的条件以及价值是否认同。只要交换双方都认为交换可以使自身产生更大的满足，或者拥有更大的利益，最终交换就会发生。

交换的基本单位是交易。交换不等于交易，交换虽是交易，但是又有着更广泛的内涵，交换就是建立关系，是一个过程。在市场中，市场推销员就是在尽力地建立关系，这种关系是市场推销员和顾客、供应商等之间的关系，这种关系是逐渐建立起来的，是长期的关系、互利的关系、彼此信任的关系。通过建立关系来进行营销，最终会建立一个网络，这个网络是营销网络，包含了员工、顾客、零售商、供应商等，这个营销网络关系越完善，在市场的竞争中就越占优势。

（5）市场营销与市场营销者。市场营销者是交换双方中更主动的一方，他们更重视交换的寻求。

2. 市场营销的正确理解

市场营销是企业进行的一种有目的的行为。市场营销包含很多的对象，服务、市场所需产品、人物、思想和观念都是市场中营销的对象。

在进行市场营销的过程中，主要内容包括：对市场的环境进行分析，根据分析结果来选择自身的目标市场，之后对产品进行开发和定位，提供各种服务等。

交换是市场营销的核心内容。市场营销为了实现企业的目标，所以在进行市场营销的过程中，消费者的需求需要被各大企业重点关注，只有满足消费者的需求，企业才会实现自身的目标。

（二）营销管理的创新

1. 明确合理市场定位

在中小型公司发展过程中，如果想在网络营销领域获取一定的收益，就需要先深入了解网络营销这种全新的手段，进行科学、全面的评价，将当前阶段网络营销领域的发展规模、发展前景作为依据，对自身做出准确定位，保证将自身所具有的优势作用发挥出来，实现对线上营销活动的切实开展。将互联网中的海量信息资源作为依托，可以将丰富的渠道提供给线上营销工作。在消费者方面，通常会在市场中占据主导地位，因此也会对公司提出全新的标准。在中小型公司方面，需要保证对自身做出准确定位，从而保证自身的销售水平、知名度等能在网络营销大环境下得到提升。

2. 树立科学营销理念

所谓科学的营销理念，就是指需要充分符合企业当前实际情况，并且可以跟上时代发展步伐的销售理念。网络营销具有非常大的发展潜力，网络客户群体也具有很大的潜力有待企业挖掘。在现阶段中小型公司中，要建立起合理的营销思路，详细了解广大消费者群体的偏好、需求，并对相关信息进行广泛搜集，借此实现对消费者数据库的构建，借助大数据分析将合适的商品、服务内容提供给消费者，同时对售后这一关键点进行重点建设。

3. 创新网络营销手段

首先，对营销方法进行改良，着重强调企业自身营销特色，优化宣传链接，从而增加点击率，提升链接的访问频次。

其次，将现有的平台利用起来，与百度、搜狗等知名搜索引擎建立合作，从而促进企业品牌知名度的进一步扩大，将微信公众号、微博平台等软件平台利用起来，加强与消费者群体之间的联系。

三、企业经济管理之质量管理及其创新

（一）质量管理的解读

质量管理主要包括全面质量管理、质量成本管理和服务质量管理。具体如下：

1. 全面质量管理

全面质量管理从过去以事后检验为主的管理转变为以预防为主的管理，从过去只在局部进行的分散的管理转变为系统的、全面的和综合的管理，从过去只是少数人参与的管理转变为全员参与的管理，从过去重视结果的管理转变为重视过程的管理，从过去单纯以符合标准为中心的管理转变为以满足顾客需要为中心的管理。总之，全面质量管理与传统的质量管理相比有其独到之处。各企业生产的产品不同，企业素质不同，其所确定的质量管理目标也有所不同，各有其侧重。

2. 质量成本管理

质量成本指将产品质量保持在规定的水平所需的有关费用。它包括企业为保证和提高产品质量所进行的质量活动应支付的费用以及因未达既定质量水平、由于质量不良所造成损失的费用的总和。

质量成本是产品质量经济性的重要体现，它从经济的角度反映了质量体系的运行情况。因此，开展质量成本管理能为评价质量体系的有效性提供手段，并为制订内部改进计划提供依据，对不断完善质量体系、提高经济效益都具有重要意义。

3. 服务质量管理

服务质量就是反映服务满足一组固有特性的程度，进入服务经济时代，如何提高服务质量越来越受到企业的重视。服务质量始于服务传递系统的设计，贯穿于服务提供全过程之中，受诸多因素的影响。

从顾客的角度来说，顾客购买服务并进行消费，其对服务质量的认识可以归纳为两个方面：一方面是顾客通过消费服务究竟得到了什么，即服务的结果，通常称为服务的技术质量；另一方面是顾客是如何消费服务的，即服务的过程，通常称为服务的功能质量。服务质量既是服务的技术和功能的统一，也是服务的过程和结果的统一。

（二）质量管理的创新

1. 质量创新战略的内涵

质量创新就是通过技术、管理和文化等多种方法，创造一种新的质量，这种质量可以更好地满足消费者和使用方的需求，并帮助企业实现新目标和创造良好效益。质量创新是满足需求，不仅包括产品和服务本身的创新，而且包括与此相关的质量需求创新、质量技术创新和质量制度创新等，可以称之为一个系统创新。创新的重要目的之一是提高质量，创新的价值在于新商品、新技术、新供应和新组织形式的竞争，也就是占有成本上或质量上决定性优势的竞争。

质量创新战略是企业最根本的战略。企业的战略有很多，包括差异化战略、价格战略、技术创新战略和品牌战略等，这些战略在不同企业也都有着不同程度的体现，质量战略能统领并决定企业其他战略的选择。

企业从本质上来讲，就是为顾客创造价值，也就是通过提供高质量的产品和服务来满足消费者和用户需求。生产出在市场上有竞争力的优质产品和服务，是企业战略中最本质的、永不可变的一个基本战略。

企业的质量战略，作为企业战略的核心本质，决定了企业其他战略的选择。一个企业在市场竞争中固然需要品牌战略，但企业的品牌之所以能得以立足的基础是其产品的优秀品质；企业固然也需要技术创新战略，但技术创新的目的也只是支撑更好的质量，只有能让消费者和顾客满意的技术，才是真正有效的技术创新，而这个"满意"就是消费者对产品质量的评价；企业当然还需要差异化或价格领先战略，但是这种差异，核心是指企业的产品和服务与其他企业存在质量差异，而价格领先优势的实现，则要建立在质量领先的基础上；至于资本战略、人才战略和文化战略等，它们都必须以质量为基础。

2. 质量创新战略的特征

（1）质量创新战略着力于创新。质量创新战略是企业创新驱动发展的迫切需求。质量创新是企业一切创新在产品和服务上的终端表现形态。企业创新有很多种，质量创新既可以牵引对其他创新的需求，又是其他创新的重要目标和成果载体，是整个国家创新体系的重要组成部分。企业的技术创新、管理创新、制度创新或者商业模式创新，其最终的目标都是满足消费者需要而不断提升产品和服务质量。创新就是创造新的东西，意味着更新和变革。企业现有产品、服务、市场、渠道、程序、技术的繁荣和生命周期都非常有限，甚至组织自身也存在生命周期。质量创新战略就是要抛弃旧的产品、旧的技术、旧的管理流程和旧的成功模式，通过提供更好的新产品或新服务来满足顾客和市场需求。根据生命周期制定一个系统的放弃政策和改革政策是质量创新的明智选择，创新就是企业对超越自我生命周期的一种突破和尝试。质量创新是为了提升产品和服务质量，为顾客创造价值而进行的有意义的改变。

（2）质量创新战略着力于需求。质量创新战略的目标就是满足多元化、个性化的需求。当人们的基本需求得到满足后，驱使人们不断消费的基本原因就是更高质量的需求。即使是面对性能相同的产品，由于人们的质量需求存在着多层次、多样性、变化性和个性化的特征，新的需求也会不断地派生出来，促进总需求的不断增长，并进而推动经济的可持续发展和总量的增加。质量之所以能创新，就在于需求本身不是同质化的、标准的和不变的，而是差异化的、个性化的和动态变化的。创新其实就是对不确定性的满足，相对于产品固有特性而言，用户需求才是最不确定的。多元化、个性化需求是质量环境快速变化条件下用户的必然选择，也是企业质量战略必须面对的挑战。一个企业只有满足了消费者的显性需求和潜在需求，才可能实现真正的质量创新。

（3）质量创新战略着力于绩效。质量创新战略着力于为企业实现更高的效益。质量本身是有成本的，也必然有能抵消成本的收益。质量创新的最终衡量标准就是绩效，没有收益的产品和服务，其固有特性再高，也不能称之为高质量产品。质量创新的本质是创造产品和服务的价值，这个价值对顾客而言就是购买后的满意评价，对企业而言就是绩效。只有为消费者提供了差异化的质量，企业才能定较高的价格，进而才能获得更高的利润。因此，质量创新战略关注每个模块的绩效评价，注重短期收益与长期收益、财务收益与非财务收益的平衡，实现质量创新整体的均衡发展。

3. 质量创新战略的框架

质量创新战略提出的宗旨，是希望给企业提供一套评价和分析自身质量创新能力的框架，从而在激烈的质量竞争中赢得竞争优势。任何一个战略的起点，都来自对环境的识别。质量创新战略之所以重要，就是因为中国企业赖以生存的大环境已经发生了根本性改变，我们已经从"速度时代"转向了"质量时代"。企业质量把握了质量时代的基本特征才能生存和发展，这是质量创新的战略框架体系的环境因素。

（1）质量创新战略从企业家卓越精神与行为开始。企业家精神推动企业的创新能力提升，驱动企业产品创新，克服路径依赖，加快产品升级换代周期、新产品和新品牌更新速度。企业家卓越精神与行为是创新的第一推动力，是将质量创新理念落实为创新行动及结果的关键。

（2）质量政策是质量创新的最大环境约束。政府质量政策决定质量安全的底线，并决定了质量创新的制度环境和游戏规则。

（3）满足质量需求是质量创新的战略目标。质量需求是质量创新的出发点和归宿点，满足消费者和顾客对更高质量产品服务的需求，是质量创新的最大机遇和来源。质量创新战略有三个，分别是质量大数据、质量技术与标准能力。

（4）质量大数据是质量创新战略的要素资源。企业的核心资产来自顾客日积月累的大数据，大数据能帮助企业准确识别顾客的需求，更好地组合企业内部的各种资源要素，以实现最终产品和服务质量的创新。大数据将使企业平台化，而平台化则是当下配置资源的最佳方法。

（5）质量技术是质量创新战略的关键支撑。质量技术既有基于产品开发本身的研发，也有保障质量精度和可靠性的技术投入，是满足消费者和顾客需要的基础性保障。

（6）标准能力是质量创新战略的核心能力。企业要想获得质量的规模收益，无论是对内部的质量管理，还是对外部的质量竞争，都离不开标准化的支撑。

（7）质量信用是质量创新的实现方式。质量信用就是企业履行其质量承诺的能力和程度，是企业质量战略对外拓展的最好展示。一个企业要对外塑造独特的企业形象，最重要的就是要形成市场和消费者所认同的质量信用。

（8）质量文化是质量创新战略的价值引领。质量文化是黏合和协同以上质量创新战略各要素的关键。如果没有质量文化的协同作用，质量创新战略的其他模块很难实现系统合力，质量文化是质量创新战略最重要的内核。

四、企业经济管理之财务管理及其创新

（一）财务管理的解读

1. 财务管理的本质

财务管理是以现金收入和支出为主要内容的企业收支活动，其核心是成本管理和收入管理。财务管理是对企业的管理职责、财务目标、经营方针的分析与确定，同时在财务管理过程中实现其所有管理职能的活动。其主要内容贯穿在企业的全部活动中，它的实施需要全体员工积极参与并承担一定的责任。

财务按照财务活动的不同层面可以分为三大领域：①宏观领域中通过政府财政和金融市场进行的现金资源的配置。现金资源的财政配置属于财政学的范畴，现金资源的市场配置通过金融市场和金融中介来完成。②中观层面上的现金资源再配置，表现为现金资源的所有者的投资行为，属于投资学的范畴。投资学研究投资目的、投资工具、投资对象、投资策略等问题，投资机构为投资者提供投资分析、投资咨询、投资组合、代理投资等服务。③微观层面上的企业筹集、配置、运用现金资源开展营利性的经济活动，为企业创造价值并对创造的价值进行合理分配，形成企业的财务管理活动。

企业财务管理集中于企业如何才能创造并保持价值，以达到既定的经营目标。企业的财务管理人员从资本市场为企业筹集资金，并把这些资金投入企业决定经营的项目中，变成企业的实物资产。通过有效的生产和经营，企业获得净现金流入量，并把其中一部分作为投资回报分给股东和债权人，而另一部分留给企业用于再投资，同时企业还要完成为国家缴纳税款的义务。资金在金融市场和企业之间的转换和流动正是财务管理所起的作用。在高度不确定的市场环境中，财务管理已成为现代企业经营管理的核心，关系到企业的生存和发展。财务管理人员只有把企业的筹资、投资和收益分配等决策做好，企业才能实现资产增值的最大化，才能有较强的生存和发展潜能。

2. 财务管理的内容

（1）资金筹集管理。资金筹集是指融通资金，需要解决的问题是如何取得企业所需要的资金。资金筹集管理的目标是从厘清和权衡不同筹资渠道的权益关系入手，采取适当的筹资方式进行科学的筹资决策，以尽可能低的资金成本和财务风险来筹集企业所需要的资金。

企业可选择银行借款、发行债券、发行股票、融资租赁、利用商业信用等若干方式融通资金。通过这些融资方式筹集的资金按照不同的权益关系可以分为权益性质的资金和负债性质的资金，按照资金的周转期间长短不同可分为长期资金和短期资金两种。一般而言，企业不能完全通过权益资金实现筹资，因为权益筹资方式资金成本较高，易分散公司的经营管理权，并且不能享受到财务杠杆的利益。但负债比例也不能过高，因为负债比重过高则导致较大的财务风险，如超出了企业能承受的限度，随时可能引发财务危机。所以筹资管理要解决的一个首要问题是如何安排权益资金和借入资金的比例。筹资管理要解决的另一个问题是如何安排长期资金和短期资金的比例。长期资金与短期资金的筹资速度、资金成本、筹资风险及使用资金所受的限制是不同的。

企业筹资管理的主要内容是筹资规模的确定和最优资金结构的运筹。由于筹资与投资、收益分配有密切的联系，筹资的规模大小要充分考虑投资的计划和股利分配政策。因此，筹资决策的关键在于追求筹资风险和筹资成本相匹配的情况下，实现最优的资金结构。

（2）资金投放管理。资金投放简称投资，是指运用资金，所要解决的问题是如何将企业收回的资金和筹集的资金投放出去，才能取得更多的收益。企业资金投放管理的目标是以投资风险——收益对等原则为支撑，正确选择投资方向和投资项目，合理配置资金，优化资产结构和有效运用资产，以获得最大投资收益。

企业可以将资金投放于购买设备、兴建厂房、购买材料、开发新产品及开办商店等，也可以将资金投放于购买企业股票和债券及购买政府公债等。企业的投资决策按不同的标准可以分为对内投资和对外投资及长期投资和短期投资。

对内投资是指直接把资金投放于企业的生产经营性资产，以便创造利润的投资，这一般称为项目投资；对外投资是指把资金投放于金融性资产，以便获得股利和利息收入的投资，又称为证券投资。

企业投资管理的主要内容是流动资产投资管理、固定资产投资管理、无形资产投资管理、对外投资管理和资产结构优化管理。

（3）收益分配管理。收益分配管理是指在公司赚得的利润中，有多少作为股利发放给股东，有多少留在企业作为股东的再投资。收益分配管理的目标是有效处理与落实企业与国家、投资者、债权人及企业职工之间的经济利益关系，执行恰当的股利分配政策，合理进行收益分配。

股利分配决策，从另一个角度看，也是保留盈余的决策，是企业内部筹资问题。因此，收益分配管理与筹资管理有着密切的关系，并非一项独立的财务管理内容。

（4）特种财务管理。特种财务管理是对一些特定目的的财务活动所实施的管理。特种财务管理的内容主要有企业清算财务管理、企业兼并与改组及国际财务管理等。

（二）财务管理的创新

互联网技术的快速发展催生出数字经济模式，当数字化逐渐转化为智能化过程时，产品质量和效能也随之提高。网络与经济社会的逐渐融合将人们正式引进数字经济时代。财务管理要顺应数字化的发展趋势，在数字化的基础上进行创新，提高财务管理的效能。

1. 树立财务数字化管理观念

（1）加强对企业的财务管理工作的数字化意识。企业管理人才是企业数字化管理的核心要素，企业可以请业内的相关专家来进行企业财务管理人员的专业知识教育与职业教育，让他们清晰地认识到，企业正在朝着数字化、智能化的方向发展，如果还是局限于过去的观念和思想，迟早会被时代所抛弃，而企业若采用数字化的财务管理模式，不仅可以提高企业的核心竞争能力，还可以提高企业的决策准确率，让企业享受到更多的改革红利。

（2）企业内部员工是实施数字化财务管理的重要参与者和实施主体，因此，要使各部门的观点保持一致，从而促进数字财务管理的成功转型。企业可以让雇员更好地理解数字化财务管理和运行的基本模式，增加数字化工作的体验，并让他们感受到大数据、云计算、物联网等技术应用的高效性，进而转变他们的思维模式。

（3）加强财务管理团队的建设，要把数字化的理念融入数字化财务管理的工作中，让他们深入感受数字化技术的优势，让他们愿意接受和利用数字化进行日常的财务统计与核算工作。与此同时，对企业的职员进行从上到下的数字化财务管理，其中包括建立数字报表平台、业财融合平台等，从发票获取、扫描报账单据等最基本的工作开始，全面提高员工的基本素质。

2. 重视企业数据安全保护

（1）在企业的信息化建设中，要加大投资力度。为保证企业的数字化财务管理工作，必须有强有力的后台做支持，当企业拥有大量的用户时，就必须有一套高计算能力的硬件来进行业务往来和存储。而且，为了保证企业的安全运行，企业必须在其雇员的终端设备上安装与外部环境无关的软件和硬件，从而保证企业的信息安全，同时也保证了企业内部人员在使用公司财务管理系统时不受外界因素的影响。小型企业使用第三方金融管理系统时，应对其进行实地考察，并与其在数据传输、使用、保管等方面达成协议，以最大限度地约束其行为，确保数据的安全。

（2）加强对核心财务管理人员使用数字平台的培训工作，确保财务数据的安全运行、维护和分析。在顶层设计中，企业必须对企业的财务信息负有保密责任，与主要财务主管签订责任协议，规范拥有较高权限的财务经理的行为，尤其是在非工作时间和离职后，必须严格遵守公司的财务管理规定。

（3）在关键管理信息泄露后，要采取技术、法律、人事等方面的补救措施，及时弥补因信息泄露而造成的经济损失。

3. 建设财务信息共享平台

要想实现企业财务共享和业财融合，建立数字化财务共享系统是一个关键步骤。整合全体职工的意识，并在上级的协调和统一领导下，打通企业的资金流、业务流以及信息流，及时对每个业务进行实时的记录。企业所有的经济行为必须以一个统一的体系将所有的业务连接在一起，打通内外部的信息障碍，使企业中的各个部门密切地联系在一起。

与此同时，利用互联网+、物联网、云计算等数字化技术，建设一个智能化的税务系统，实现企业与企业的有效协作，实现业务、财务和税务的统一处理和管理，从而提升企业的经营效益。包括建立企业费用控制单元、智能化支付、采购金额支付；实现机动性，突破场地局限，提高生产效能；对企业的成本进行即时的审计、云端储存、员工日常报销、对公付款；实现智能化，采购金额支付；通过实施可移动性管理，突破地域的局限性，提高工作效能，使企业的成本消耗控制在预算范围内，对成本进行实时的分析和监测，对税务的财务信息进行及时的核实和审查。

运用大数据分享技术，建立包括预算管理、成本管理和绩效管理在内的数据处理系统，将以往的数据和现有的数据相融合，发掘其经营潜力，对企业的经营发展趋势做出精确的判断，使公司管理部门更好地了解当前的经济形势，同时做出正确的决定。

五、企业经济管理之人力资源管理及其创新

(一) 人力资源管理的解读

1. 人力资源管理的价值

现代人力资源管理的首要问题就是让企业可以更好地进行人力资源管理，其中有三个层次：第一个层次是企业生存，也就是保证企业的生产经营处于正常状态；第二个层次是企业发展，也就是为企业带来更好的业绩；第三个层次是企业强盛，这能让企业的竞争优势更为突出。

通过人力资源管理来促进企业竞争优势的发挥也是现代人力资源管理的第二个目标，主要有六个方面：为企业带来所需的人力资源，为企业培养和开发好人力资源，为企业使用好人力资源，为企业协调好人力资源，为企业激励好人力资源，为企业维护好人力资源。

2. 人力资源管理的职能

获取、配置、激励、开发、评价以及维护是现代人力资源管理的六个基本职能。

(1) 获取指的是让人力资源符合企业各种目标的需求。

(2) 配置指的是让每个员工都能胜任自己的工作。

(3) 激励指的是让员工充分发挥自身的创造能力，积极投入工作中并且忠诚于企业。

(4) 开发指的是发掘和释放员工潜在的工作能力，为企业的目标贡献力量。

(5) 评价指的是从客观的角度来评价员工的个人、组织和团队业绩，找到不足之处予以调整。

(6) 维护指的是要保证员工的权利和利益，让同级员工之间、上下级之间、企业与员工之间、管理者与被管理者之间不仅存在合作的关系，还存在良性竞争的关系。

(二) 人力资源管理的创新

当今社会的发展和进步离不开高质量的人才，对企业来说更是如此。企业想要吸引更多的高质量人才，就必须先从内部的管理机制开始，建立完善的人力资源管理体系，通过这种方式为招聘高质量人才创造更多有利条件。

1. 优化职业规划

现代企业只有对每一位员工制订详细的职业规划，才能发掘出他们的发展潜力，为企

业提供源源不断的人才。企业需要根据自身发展和生产需求，结合自身优劣势，制订出有针对性的人才资源培养计划，并逐步落实执行到位，以确保企业在市场竞争中始终处于优势地位。

2. 完善绩效标准

对一些科研企业来说，不同工作岗位的职责和工作内容存在很大的差异性，以一线工人、科研开发人员和市场销售人员为例，他们的岗位职责和工作内容是完全不一样的，因此企业不能使用统一的考核标准，以免增加管理部门的工作管理难度。管理者需要重视员工个人的绩效考核，并根据不同岗位的性质和工作内容，制定出科学合理的考核指标，确保企业员工可以得到公平公正的绩效评估。员工在绩效考核标准的约束和激励下，不仅会完成本职工作，还会通过不断学习的方式提高自身的综合素质与能力，尽可能使自己获得更好的成绩。

对企业管理者来说，绩效考核机制不仅是为了评估员工的工作表现，还应当将其作为上下沟通的渠道。管理者要清楚绩效考核的目的并不是挑刺，而是帮助员工认识到自己的不足，帮助他们不断提升自己的能力，改正自己的不足。绩效考核的宗旨在于：以人为本，加强企业与员工的沟通和互动，深度绑定企业与员工的利益。企业在考核过程中要充分利用这次机会，纠正员工对企业文化和工作准则的错误认识，培养他们的企业认同感和责任感，以实现绩效考核的根本目标，提高员工的综合素质能力，为企业创造更多的价值。

3. 畅通反馈渠道

企业须关注工作人员与考核者之间关系的建立，帮助反馈机制有效运行，并在这一过程中，使工作人员体会到企业对自己的关切，进而使所有员工的工作积极性被激发。企业与各个员工之间的良性互动，也能推动开发与管理制度的全面落实。管理人员还要关注工作人员的精神世界，而不是将管理的重点都放在物质层面上。

第三节　现代企业经济管理的信息化发展

一、企业经济管理的信息化应用

（一）农业企业的信息化应用

"随着当前我国社会经济的不断发展，信息技术逐渐得以广泛应用，在企业经济管理中起着重要作用。企业将信息技术应用到经济管理过程中，可以提升企业信息资料管理和分析的效率，使企业得到更为有效的数据参考。"① 目前的物联网、大数据等技术应用已经涉及耕地、育种、播种、施肥、植保、收获、储运、农产品加工、销售、畜牧业生产等各环节，可以实现对作物种植、培育、成熟和销售等环节的管理。

第一，农业资源管理方面的应用。农业资源除了土地、水等自然资源之外，还包括各种农业生物资源和农业生产资料等。我国目前可以进行农业生产的资源已经越来越少，从目前农业基础的实际状况来看，有必要运用物联网、大数据等先进技术对农业资源进一步优化配置、合理开发，从而实现农业的高产优质和节能高效。

第二，农业生产过程管理方面的应用。农业生产很复杂，受作物、土壤、气候及人类活动等各种要素相互影响。通过遥感卫星、无人机、GPS 导航和传感器等先进技术可以采集气候、水质、自然灾害、污染、土壤墒情、作物长势等大量数据并进行分析处理，进而实施"精准化"灌溉和施肥等农业操作；"智慧化"的管理决策；"自动化"的引导和控制设施、设备，实现精细化管理整个土地，达到农业增产、农民增收的目的。

第三，农产品安全管理方面的应用。食品安全是当下人们持续关注的焦点。跟踪农产品从农田到顾客的过程有利于防止疾病、减少污染，实现食品安全风险监控预警及质量安全突发事件的应急管理。由于农产品供应链的延长及不良商家等因素，跟踪和监测农产品的重要性也越来越强。农产品生产商、供应商和运输者可以使用物联网传感器技术、扫描设备和分析工具来监控、搜集供应链的相关数据。

第四，农业装备与设施监控方面的应用。通过安装卫星导航系统、自动驾驶及必要的传感器，可以对农业装备和设施的工作运作状态进行监控、远程诊断及服务调度等，确保设备能在最低成本保持最佳运行状态。同时，还可以进行实时数据采集（如土壤样本、水分监视器和传感器、田间作物颜色、生长速率、天气破坏、营养水平、农作物品种等），并在价值链上共享这些数据，以进行进一步的处理。

（二）制造企业的信息化应用

1. 预测型制造

（1）订单交货期预测。大型复杂产品生产涉及多种动态环境、异构资源、海量信息，各零部件、子装备件、总装件的制造过程复杂交错，对产品交货期的要求非常高。设计高效、精准、成组、优化的高度方案成为实现产品按期交付的重要保障。而大型复杂产品需

---

① 周佳一，王春尧. 基于信息化技术的企业经济管理措施 [J]. 特区经济，2022，399（4）：142-145.

求和工艺极其多样，制造系统复杂度极高，精确的模型与算法难以建立，利用大数据技术，揭示制造过程中工艺参数与订单交货期之间的关联关系，从而构建全新的生产调度交货期计算模型与算法，实现交货期的精确预测与控制。

（2）产品质量预测，利用大数据存储和挖掘技术，可以从海量时间序列数据中寻找质量传递的规律，实现产品质量的有效控制与追溯，从而提高产品质量可靠性。

2. 智能运维

实现制造企业的服务转型必不可少地需要一系列先进技术和管理的支撑，包括产品智能化技术、非结构化数据的知识管理技术、产品全生命周期一体化管理技术等。目前，包括云计算、物联网及基于大数据分析的智能软件都能为其提供技术和管理上的支撑。

随着在线监控系统越来越多地被应用于制造行业，通过对产品的运行过程大数据进行抓取和分析，可以实现产品的智能化维护和修理。通过加装传感器，产品生产厂商可以实时搜集监测数据用于后续的分析工作。尤其在汽车领域，大量在役产品在整个生命周期中持续回传各种类型的数据，使数据的积累速度非常快，数据容量呈现出爆炸式的增长趋势，如何通过这些数据分析重大故障或事故与相关的客户行为，以及时发现异常征兆提供主动式服务，是制造企业向服务转型的重要需求。基于历史工况的异常状态发现技术是在分布式计算框架基础上，面向设备群体状态监测数据的潜在异常特征的检测方法。该方法先在大规模的监测数据中，通过对用户操作行为的大数据分析并构建合理的正常模型，然后将正常模型用于检测异常个体的数据。

3. 精准营销

利用大数据分析与预测方法，制造企业可以根据销售历史业务数据和市场需求变动、景气循环来判断、修正产供销平衡，提高销售分析与预测准确度。同时，基于企业当前的业务和未来的经营计划，对海量数据进行加工处理分析，对企业未来的资金流进行精准预测，为决策者制订融资计划实时提供决策信息，防止资金链断裂，降低融资成本，提高资金收益。

企业销售大数据中包括周期性和季节性、增长趋势等内在变动因素与促销、经济水平、社会化营销、市场经济指数等外在因素，这些数据对销售分析与预测模型起到至关重要的作用，为生产计划和销售策略的制定提供决策支持，从而建立良好的产销协同关系。借助多维销售数据立方体，对制造企业销售数据进行快速的数据训练，对不同维度的产品销售序列进行分析并输出最优预测序列。通过可视化的销售分析系统可以让企业销售总部、区域、品牌、网点、销售经理、售后维修经理等不同管理层对相应的运营指标进行持续监控和管理。

同时可采用聚类分析法，针对客户群体进行细分，找到营销活动所对应的目标客户群。采用因子分析法，评估一个品牌在市场领域内的份额和实力，创造市场营销机会。利用决策树分析法，确定产品属性和消费习性，设计适合于不同领域和地区的不同产品组合来进行营销。以分类分析法，针对丢失或忽视的客户进行关怀和促进回厂，针对老客户、忠诚客户给予特别的营销活动，创造客户最大的价值。

（三）物流企业的信息化应用

物流业是一个会产生大量数据的行业，无论是企业自身的供应链物流还是第三方物流企业在货物流转、车辆追踪等过程中都会产生海量的数据，传统方法很难对这些数据进行及时、准确的处理。物流大数据作为一种新兴的技术，它给企业带来了更多的机遇，合理地运用大数据技术，将对企业的管理与决策、客户关系维护、资源配置、降低成本、提高效益等方面起到积极的作用。

第一，精准预测。通过用户的历史记录，运用数据挖掘、数据分析等技术构建模型，可以有效地了解消费者偏好，预判消费者的消费可能，从而精准预测出产品在不同地域、不同时点的未来需求，从配货规划、运力调配及末端配送等环节做好及时防范，平衡订单运营能力，实现现有资源配置的最优化。

第二，提高分拣效率。运用智能算法优化物流作业流程，企业的物流运营中心可根据数据算法保障每名物流作业人员随时随地处于其最优拣货路径上，由系统智能推荐下一个要拣的货物在哪里，确保员工永远不走回头路，而且其所走的路径是最短的，极大地提高了分拣效率。近年来，运用传感器和大数据技术开发的智能搬运机器人，通过调度系统与人工智能可自动避障与自主规划路径，实现货物在库房内的拣选搬运，使仓储作业效率提升数倍。

第三，优化配送线路。配送线路的优化一直影响着物流企业的配送效率和配送成本。企业可以将影响配送计划的因素纳入大数据分析，如高速公路的收费、道路等级、天气、配送中心辐射半径、季节性变化、不同市场的售价、不同渠道的费用、各地的人力成本等。由此用最快的速度对这些影响作出反应，制定最合理的配送线路。

（四）金融企业的信息化应用

金融业在支付、存贷、汇兑、理财、股票期货等领域积累了海量数据，大数据理念在金融业十分流行，但其潜在价值尚未得到充分的开发和利用。随着"互联网+金融"模式的兴起，传统的金融业面临诸多挑战。而借助大数据技术，将分散在金融企业服务网络和IT系统中的海量信息与基于业务驱动的外部数据源融合，并结合金融行业的特点，以金融业务为核心，能在客户体验和客户价值、优化运营流程、精准营销、风险控制和经营管理等诸多方面得到有效提升。

第一，提升客户体验。银行如果想获得新客户并且留住老客户，就必须在设计应用和产品时关注客户体验。大数据的反馈功能可以帮助其了解客户，提升客户的体验。例如：客户在网上银行的使用习惯、点击网页的习惯、移动银行客户端各个界面和菜单的使用情况等，银行根据用户偏好对界面布局、图表形状、颜色搭配等进行设计和更改；在投资理财方面，可以依据大数据分析报告帮助客户进行金融市场产品投资，赚取超额利润，形成竞争优势，用户体验是银行未来一直需要重点关注的领域。吸引客户购买产品的动力，除了产品自身的优秀外，还应包含最佳的用户体验。

第二，精准营销。利用大数据相关挖掘技术、文本数据分析等技术，将客户数据、产品数据、地理空间等数据进行关联分析，就可以勾勒出真实完整的客户全景视图，之后实施针对性的产品设计和服务优化。

第三，风险管控。风险控制一直是金融行业的核心痛点，也是金融企业的核心竞争力。大数据技术应用使基于企业传统数据库丰富的客户基础信息、财务及金融交易数据的积累，融合从社交媒体、互联网金融平台获取的客户信用数据，构建更为全面的客户信用评价体系，从而使风险评估更趋近事实。

第四，市场和渠道分析优化。通过大数据，银行可以监控不同市场推广渠道，尤其是网络渠道推广的质量，从而进行合作渠道的调整和优化。同时，也可以分析哪些渠道更适合推广哪类银行产品或者服务，从而进行渠道推广策略的优化。

二、企业经济管理信息化的策略

（一）构建良好的环境体系

1. 建设政策环境

（1）发挥政府导向作用。政府要切实转变职能，建立以市场为导向的竞争机制，加强政策研究、规划指导、加快市场经济体制的建设，建立现代企业制度，让市场促进企业信息化的建设。同时通过政府引导，明确企业信息化的重要作用，发挥企业的积极性，并以优惠政策支持，推动企业信息化的发展。

（2）着力加强信息产业的发展。信息产业已经成为国民经济发展的支柱产业，并发挥

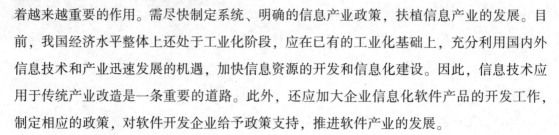

着越来越重要的作用。需尽快制定系统、明确的信息产业政策，扶植信息产业的发展。目前，我国经济水平整体上还处于工业化阶段，应在已有的工业化基础上，充分利用国内外信息技术和产业迅速发展的机遇，加快信息资源的开发和信息化建设。因此，信息技术应用于传统产业改造是一条重要的道路。此外，还应加大企业信息化软件产品的开发工作，制定相应的政策，对软件开发企业给予政策支持，推进软件产业的发展。

（3）加大政府的资金扶持力度。应该从财政资金中拿出一部分给企业信息化建设以补助，对企业实施信息化改造的项目金融部门给予优惠贷款，对企业实施信息化过程以及信息技术研究开发给予税收优惠，增加企业信息化专项基金数额和支持方式，针对企业信息化的重点发展领域，推进基础研究、新技术开发以及示范工程项目的建设。对企业的技术改造项目要安排一部分信息化建设配套资金，同时列入计划，申请贷款和争取贴息。企业实施信息化过程中有关部门设备、软件的购进，在财务核算、摊销年限和折旧办法等方面予以鼓励。

2. 构建服务体系

企业信息化是一项综合性的系统工程，需要良好的外部环境。应该支持和培育企业信息化服务体系的建设，充分发挥社会中介组织的作用，调动社会各个方面的有效资源为信息化服务，并应致力于咨询服务体系、人才培训体系和技术支持体系的建设。在咨询服务体系方面，可以通过专家的咨询和诊断，帮助企业找到管理中存在的问题，确定改进管理、流程重组的切入点，并通过对软件企业及产品的考察、认定，向企业推荐资信好、产品可靠性强、价格合理的软件商，帮助企业选择合作伙伴，提高企业信息化建设的成功率。

在人才培训方面，应适应企业实际需要，组织多层次的培训，以培养复合型人才为目标。在技术支持体系方面，通过建立企业信息化服务平台，为企业承担网络设备、系统维护等业务托管服务，以发挥规模效益，降低系统运营成本为目标。

3. 发展网络环境

政府作为企业信息化的总指挥，应实现自身的信息化。以电子政务促进企业信息化和电子商务的发展是一条有效的途径。政府是整个社会的管理机构，它的信息化将使整个社会的效率提高，同时也可以在网上完成政府职能，提高政府的办事效率。

此外，政府应该调动多方力量，培育适应企业信息化建设的网络环境，增强核心传输网能力，建设互联互通的骨干网，大力发展城域网和移动通信，支持建立先进的互联网数据中心，为企业尤其是中小企业提供虚拟主机服务，开展主机托管、数据交换、系统维护升级、网络增值服务等各项专业服务，实现网络、设备、软件系统和信息资源的充分共享。而针对我国目前存在的网络安全问题，应该组织开展安全体系、安全对策、安全标准、安全技术和设备的研究，从信息安全的组织管理、安全技术研发、安全产品制造、立法与执法、安全基础设施建设、人才教育与培训、应急救援等方面综合构建国家信息化的安全保障体系，支持开发具有自主知识产权的安全产品，建设和完善各级信息安全测评认证与信息安全管理中心，维护企业信息系统的安全性。

（二）推动人才队伍建设

1. 管理人员与核心技术人员

管理人员与核心技术人员是企业信息化工作的中坚力量。企业需要有一批核心管理人员，他们要能正确熟练地运用企业信息化平台，辅助制定决策，组建基于信息化系统有效运行的工作团队，保证信息化系统发挥最大效用。企业信息化系统运用了大量的信息和通信技术，要保证系统的正常运行，需要强大的技术支持，信息化应用技术人员必不可少，其中包括系统建设人员和系统维护人员。

2. 执行层人员

执行层人员主要是指系统操作人员，这类人才是企业信息化工作的基础人员。他们是系统的直接使用者，因此他们必须能正确地掌握信息化工具，并对外部信息能快速而准确地采集、录入系统和从系统中得到所需的管理数据，以保证企业各部门通过信息系统高效协同工作。企业信息化系统建好后最重要的是运用，他们必须真正理解企业信息化的内涵、正确掌握信息化工具、实施正确的安全策略并具有对外部信息作出快速而恰当的反应所具有的协同工作的能力。

（三）完善基础设施建设

1. 保障资金投入

企业信息化建设是一项需要很大投资的综合性工程。设备的购买、系统的建设与维护、人力的投入以及专业机构的协作等都需要大量的资金投入。而从目前的情况看，绝大多数企业信息化建设资金投入严重不足，并且缺乏长期稳定的资金渠道。这已经成为制约企业信息化建设的重要因素。

强化企业自身的信息化投入，应保证企业信息化建设的资金充足，企业也可以设立专项资金，用于企业信息化的发展。企业的信息化建设需要大量的资金，如果资金不足，必然会制约企业信息化的发展，企业可以通过多元的投资体系来增加信息化建设的投入资金。例如，企业可以通过增加投资在产品销售额中的比重，或者进行股份制改革，面向社会来吸收资金等。

企业信息化建设的核心内容是信息资源的开发与利用，企业在不断发展，企业信息化的技术也应当同步升级，因此企业信息化建设之后，仍要对其进行后续的技术升级投入，这是信息化取得成效的重要保证。企业的信息化是企业不断地整合资源，提升自身整体素质的过程，企业要认识到资源对自身发展的重要作用，重视信息化软件的开发、维护，使企业的资源、管理和技术都能协调发展。

2. 信息资源共享

计算机网络基础设施是推进企业信息化建设的前提。良好的网络基础建设能有效地将企业人、财、物等资源更好地优化配置，这是企业信息化建设要考虑的一个重要方面。

网络基础设施建设主要包括各种信息传输网络建设、信息传输设备研制、信息技术开发等设施建设。随着新经济时代的到来，传统的管理模式在企业运作中的弊端日益凸显。一方面各部门之间缺乏有效的信息交流手段，资源共享困难，影响企业的运行效率；另一方面信息的下行和反馈行为滞缓，不能高效地组织好信息资源。这已经不能适应企业发展的需要，在信息化的建设中要认清这一缺点，利用现代信息技术来改善传统的生产经营管理模式，架构一个供大家共享资源的信息网络平台，理顺企业关系，使企业高效地运转，以充分发挥企业信息化各要素的作用。

具体来说，要在构建企业局域网建立企业信息数据库的基础上，积极建设企业骨干网，使局域网系统、数据库系统在统一的企业网络平台环境下发挥各自的功能作用，并积极采用新的信息技术支持系统，不断优化局域网系统结构和功能，有效扩充数据库系统设置和功能，使企业的网络平台功能不断优化，信息化水平不断提高。

参考文献

[1] 上海公务员考试研究中心. 经济管理 [M]. 上海：上海财经大学出版社，2010.

[2] 白学伟，刘爱娇，刘杰. 法律基础 [M]. 长沙：湖南师范大学出版社，2017.

[3] 曹奕阳. 数字经济中经济法原则运用的相关理据和逻辑推理 [J]. 财经理论与实践，2022，43（4）：147-154.

[4] 陈晓星. 个人独资企业设立条件的立法思考 [J]. 中南大学学报（社会科学版），2005，11（1）：70-74.

[5] 崔巍，韩磊. 经济法 [M]. 北京：北京理工大学出版社，2019.

[6] 单飞跃. 中国经济法部门的形成：轨迹、事件与特征 [J]. 现代法学，2013，35（4）：10-17.

[7] 邓伟. 经济法责任转向经济法后果的规范依据与理论基础 [J]. 法学，2022（5）：176-191.

[8] 邓子豪，冯筠怡. 市场经济背景下民商法与经济法之间的关系探究 [J]. 上海商业，2022（6）：164-166.

[9] 董立强. 试析农业经济管理对农村经济发展的促进作用 [J]. 山西农经，2021（21）：65.

[10] 封宇翔. 如何保护消费者权益 [J]. 中国化工贸易，2014（10）：283.

[11] 郭靖超. 法律基础 [M]. 哈尔滨：哈尔滨工程大学出版社，2015.

[12] 何杨，李文婧. 城市规划视角下的中国城市财政问题 [J]. 国际城市规划，2023，38（1）：28.

[13] 和玉霞. 农业大数据在农业经济管理中的应用 [J]. 农村实用技术，2023（1）：37.

[14] 李立军. 新常态下的企业经济管理策略 [J]. 企业管理，2017（2）：120-122.

[15] 李敏，杜鹏程. 我国经济法研究演进与前沿的可视化分析 [J]. 池州学院学报，2023，37（1）：13-15.

[16] 李亭洁. 农业经济管理优化探究 [J]. 广东蚕业，2021，55（6）：108.

[17] 林瑞青. 法律基础 [M]. 广州：广东旅游出版社，2013.

[18] 刘大洪. 论经济法上的市场优先原则：内涵与适用 [J]. 法商研究，2017，34（2）：82-90.

[19] 刘冬林，樵楠. 新时代农产品品牌战略及营销策略 [J]. 农村实用技术，2022，251（10）：67.

[20] 刘林萃. 中国国际经济法的研究与发展 [J]. 金融文坛，2022（6）：1-4.

[21] 刘青青. 经济法上的市场优先原则内涵与适用 [J]. 法制博览，2019（30）：212-213.

[22] 刘奕含. 论中心城市在区域经济发展中的地位与作用 [J]. 中国新技术新产品，2011（7）：211.

[23] 马铭遥. 企业常见法律风险与防范 [J]. 楚天法治，2018（14）：86-88.

[24] 马青娜. 劳动合同法视野下的劳务派遣分析 [J]. 法制与社会，2021（10）：185.

[25] 孟庆瑜，刘婷婷. 法典化背景下中国经济法的立法回望与发展前瞻 [J]. 河北大学学报（哲学社会科学版），2022，47（6）：143-153.

[26] 苗咏丽. 经济法的特征及其在企业管理中的作用初探 [J]. 中国管理信息化，2022，25（15）：64-66.

[27] 潘慧明. 经济法 [M]. 杭州：浙江大学出版社，2019.

[28] 钱俊. 论经济法上的市场优先原则 [J]. 商情，2017（46）：86+88.

[29] 沈乐平. 公司治理结构的法律透析 [J]. 经济问题，2003（1）：13-15.

[30] 史欣媛. 论比例原则在经济法中的适用 [J]. 现代法学，2022，44（2）：36-51.

[31] 谭泓. 《劳动合同法》的争鸣、探索与推动 [J]. 中国劳动关系学院学报，2022，36（1）：41.

[32] 滕松，张颖. 论消费者权益保护 [J]. 辽宁行政学院学报，2007，9（3）：30-31.

[33] 黄永华，周慧君. 论消费者权益的保护 [J]. 管理观察，2011（23）：47-49.

[34] 童梅珍. 新形势下企业经济管理的创新对策分析 [J]. 中国商论，2022（2）：114-116.

[35] 王健. 市场经济下国有企业经济管理探讨 [J]. 中国商论，2022（17）：139-141.

[36] 王丽杰. 新形势下企业经济管理的创新策略研究 [J]. 中国商论，2021（6）：122-124.

[37] 王亚萍，王海晶. 共同富裕观的经济法法理提炼 [J]. 兰州财经大学学报，2023，39（1）：29-37.

［38］王允高. 经济法［M］. 北京：北京理工大学出版社，2019.

［39］吴元波. 经济管理［M］. 上海：文汇出版社，2007.

［40］夏梦. 金融风险防范中经济法的价值功能［J］. 上海商业，2022，（3）：174-176.

［41］徐丽红.《民法典》背景下劳动法与民法之关系探究［J］. 中国劳动关系学院学报，2023，37（1）：68-80.

［42］徐新意. 公司企业法学：4 版［M］. 上海：华东理工大学出版社，2021.

［43］杨金兰. 农业经济管理现状研究［J］. 中国科技投资，2022（3）：13.

［44］袁方兴. 互联网下企业经济管理模式研究［J］. 中国商论，2022（7）：113-115.

［45］张铎潇. 经济转型发展下的经济法与经济法学的转变分析［J］. 法制博览，2022（22）：21-24.

［46］张世伟. 新时代我国经济法的基本原则［J］. 现代商贸工业，2022，43（22）：163-165.

［47］张守文. 经济法新型责任形态的理论拓掘［J］. 法商研究，2022，39（3）：3-15.

［48］张守文. 数字经济发展的经济法理论因应［J］. 政法论坛，2023，41（2）：38-47.

［49］张珍星.《民法典》背景下雇员个人信息保护的劳动法进路［J］. 西安交通大学学报（社会科学版），2021，41（6）：146-158.

［50］张峥. 论经济法与国家干预的关系［J］. 西南石油大学学报（社会科学版），2014，16（1）：12-16.

［51］章凯业. 商标保护与市场竞争关系之反思与修正［J］. 法学研究，2018，40（6）：92-108.

［52］赵传超. 农业经济管理对农村经济发展的影响［J］. 河北农机，2023（1）：127.

［53］赵丽丽. 公司治理结构与公司绩效分析［J］. 法制博览，2020（2）：119-120.

［54］赵琳琳. 经济法上的市场优先原则分析［J］. 中国高新区，2019（24）：356.

［55］郑尚元. 劳动法的现实挑战与瞻望［J］. 中国劳动关系学院学报，2022，36（1）：28-40.

［56］郑宇. 经济法在现代企业商务管理中的应用研究［J］. 中国产经，2023（6）：138-140.

［57］朱小乐. 浅析农业经济管理对农村经济发展的促进作用［J］. 南方农机，2022，53（4）：62.

［58］周佳一，王春尧. 基于信息化技术的企业经济管理措施［J］. 特区经济，2022，399（4）：142-145.

［59］周铁. 浅议消费者权益保护［J］. 中小企业管理与科技，2010（21）：134.

［60］朱慈蕴. 反不正当竞争法实践之路［J］. 中国工商管理研究，2012（7）：34-39.

［61］孙健. 反不正当竞争法及其他［J］. 改革与开放，2010（24）：3.